二十世纪作曲家系列

弗朗西斯·普朗克

普朗克作为一名出色的钢琴家和多才多艺的作曲家，会在私人聚会中为朋友表演，大众则可以在录音和音乐会中欣赏他的演奏。

弗朗西斯·普朗克

【美】本杰明·艾夫瑞 著
朱菡芊 译

SMPH
上海音乐出版社
WWW.SMPH.CN

目 录

6 序言

8 引子

11 第一章：
童年和少年时期 1899—1919

35 第二章：
从六人团到《母鹿》1920—1924

59 第三章：
转型 1925—1935

85 第四章：
战争将至 1936—1939

115 第五章：
普朗克在战争时期 1940—1945

143 第六章：
通往加尔默罗会修女的道路 1946—1953

171 第七章：
《加尔默罗会修女的对话》1953—1956

195 第八章：
在加尔默罗会修女之后 1957—1963

227 作品分类列表

235 拓展阅读

239 唱片选录

244 索引

序言

在学界,法国以图书馆的不友好而闻名。虽然法国图书馆比其他地中海区域的图书馆更频繁地开着,但这些研究中心却被一些图书管理员搞残了:他们对待学者的态度就跟斗牛士对待牛差不多。这可能就是为什么一些关于普朗克的最好的研究
6 是在英国(威妮弗蕾德・拉德福德[Winifred Radford]和西德尼・巴克兰[Sidney Buckland])和美国(卡尔・B. 施密特[Carl B. Schmidt])做出的。这两个国家有着比作曲家故乡更有人情味的图书馆。近来也有个显著的例外:米莉安・希梅娜(Myriam Chimènes)在整理普朗克浩繁的书信集的时候得到了法国国家科学研究中心(CNRS)的支持与协助。尽管法国的机构存在种种问题,然而人和人之间的互助还是很可贵的。在此我想感谢西德尼・巴克兰、米莉安・希梅娜和雷诺・马夏(Renaud Machart)。他们在一些要点上给予了热心又耐心的帮助。米莉安・希梅娜整理的普朗克信件集,以及西德尼・巴克兰的英文简略版,都为法国文献添砖加瓦,它们是了解作曲家所必不可少的原始资料,让作曲家的形象甚至比他的亲密好友所能传达的更为完整。在认识普朗克的人中,玛德莱娜・米约(Madeleine Milhaud)、让妮娜・沃尔姆斯(Jeannine Worms)、罗伯特・肖(Robert Shaw)、加布列尔・塔奇诺(Gabriel Tacchino)、亚伦・休斯(Allen Hughes)和于格・居埃诺(Hugues Cuénod)对作曲家有着最为有趣和启发性的记述。

关于唱片方面的问题,我多年来受益于一些美国最博学的唱片专家,比如卡尔・施罗姆(Karl Schrom)和理查德・华伦(Richard Warren),两人都来自康涅狄格州纽黑文。我也感谢多才多艺的帕德里克・欧康纳(Patrick O'Connor)在撰写音乐类书籍上所运用的智慧哲理。关于法国文化,我从两位美国权

威——理查德·霍华德(Richard Howard)和已过世的(让人非常遗憾)詹姆斯·英格拉姆·梅里尔(James Ingram Merrill)那里学到了很多。他们明智地选择不居住在法国,以接受其文化的启发。其他给予我帮助和鼓励的美国朋友有詹姆斯·H. 马罗(James H. Marrow)和埃米莉·罗丝(Emily Rose)夫妇、哈罗德和卡罗·罗尔福(Harold and Carol Rolfe)夫妇、卡洛琳·凯泽(Carolyn Kizer)和约翰·伍德布里吉(John Woodbridge)夫妇。 7
本书写作各阶段中在法国招待和鼓励过我的朋友里,我最感谢以下这些人,他们让我看到巴黎并没有完全失去普朗克当年曾经感受过的愉悦。他们是:西蒙娜·博埃(Simone Boué)、雅尼克·吉欧(Yannick Guillou)、埃罗瓦莎·埃莱娜(Eloisa Helena)、马塞洛·费雷拉(Marcelo Ferreira)、英迪·费雷拉(Yndi Ferreira)、弗洛里安·卡迪埃(Florian Cadier)和罗杰里欧·德·苏扎·波利(Rogério de Souza Poly)。

还要感谢在困难时期特别鼓励我的穆里尔·斯帕克(Muriel Spark)和佩内洛普·雅尔丁(Penelope Jardine),还有已过世的E. M. 希尔兰(E. M. Cioran)。关于二十世纪三十年代以来的法国艺术,希尔兰是个富有洞见而亲切的向导;我深深地怀念这位朋友。最后,感谢费顿出版社的员工,特别是以下几位编辑:诺曼·勒布莱希特(Norman Lebrech)、彼得·欧文斯(Peter Owens)、罗杰·希尔斯(Roger Sears)和因加罗·汤姆森(Ingalo Thomson),还有图片研究员波利·克雷顿(Polly Clayden)和HDR设计的汉斯·迪特尔·雷切特(Hans Dieter Reichert)。

本杰明·艾夫瑞
1996年于巴黎

引子

弗朗西斯·普朗克（Francis Poulenc，1899—1963）是在他所在世纪最受欢迎的作曲家之一。在英国和美国，他被视为一位具有典型巴黎风格的作曲家，具体体现在他那些幽默而漫不经心的作品中，比如芭蕾舞剧《母鹿》和歌剧《蒂蕾西阿斯的乳房》。而在法国，他因为歌曲和宗教音乐而受人敬仰，其中，歌剧《加尔默罗会修女的对话》（*Dialogues des Carmélite*）是他的巅峰之作。但无论是漫不经心的幽默，还是热忱的宗教精神都无法将他归类。他经常滑稽到夸张，却也经受着长时间、间歇性的抑郁。一位评论家克劳德·罗斯唐（Claude Rostand）总结说他是“半个坏小子，半个僧侣”，但这样的形容过于肤浅。

直到近年，我们都很难对普朗克做出任何评价：他的书信是
8 理解他的生平和作品的基础，之前出版时却被删去了粗俗的内容。英国学者和翻译家西德尼·巴克兰在 1991 年率先出版了一部内容丰富的普朗克信件选集，而学者米莉安·希梅娜以法语版完善了她的工作，将其增加到了一千多页。这些信件为了解普朗克作品的创作年代和意图提供了新视角。另外，在 1993 年，法国评论家雷诺·马夏出版了另一部未被删改的文献，即普朗克的《我的音乐笔记》。这部文献之前出版过，但少了三分之一的内容。这份新材料说明，过去对于普朗克生平的那些总结，比如僧侣和坏小子的对比，都把现实夸张了。一直到 1995 年，普朗克的完整作品列表才问世，它是由美国音乐学家卡尔·B.施密特编写的。

1937 年，普朗克对朋友说，他希望能成为“一个几乎伟大的作曲家”。他或许符合这个形容词的标准，但无论如何，他成功地创作了完全值得敬佩的作品。他的音乐旋律优美抒情，感情奔放，调性框架清晰。他的作品优雅流畅，是法式轻盈风格的代

表。这些特性已经让他远离大多数现代古典音乐作品所属的潮流。普朗克并不给小部分人创作晦涩难懂的音乐，而是创作“展示作品”——和听众交流是他的艺术的关键。

对于后世来说，普朗克无疑是他那一代最重要的作曲家之一。虽然他受到伊戈尔·斯特拉文斯基（Igor Stravinsky）新古典主义风格的较大影响，但他并不像他的朋友达律斯·米约（Darius Milhaud）和阿尔蒂尔·奥涅格（Arthur Honegger）那样致力于创新，后两位都实验了新的和声和节奏。普朗克表现的是难以置信的多面性，他的音乐表达范围超越了他的同时代人，作品中既有欢快闹腾的《小象巴巴的故事》（*Babar*）组曲，也有极为触动人心的歌曲 *C*。他并不关心未来的音乐，只想愉悦观众 9
和自己。他从萨蒂（Erik Satie）那里寻找启发，但从过去的大师那里——从莫扎特直到圣-桑——偷取乐思。正是这样的选材特点，让他的音乐个性特别难归类。大部分音乐通史只提到他是“六人团”（Les Six），“六人团”是二十世纪二十年代初一个主要由巴黎人组成的年轻作曲家团体，团员之间的联结更多是因为友情而非共同的音乐风格）中的一员，而很少有其他信息。有些人并非毫无根据地指责他有注意力持续时间短的毛病，但他实际上又会为自己作品的结构投入很大心力。他经常被贴上“迷人而次要的大师”这个标签。

普朗克在世时受到低估的一个原因为他是公开的同性恋，那个时代只有最有声望的人，像是让·谷克多[①]，才能够如此坦诚而不受舆论谴责。普朗克的书信不仅仅是一部很好的读物，还是一份很有启发的从生平角度对他的作品的分析，清楚地表明了性向对他的创作至关重要，至少他的几个主要作品，包括宗教作品，都受到了爱人的启发。他的生平和艺术都展现了一个范例：深受困扰的艺术家如何克服内心的苦痛，创造出重要的作品。

如果不说其他的原因，仅仅就普朗克是拉威尔之后最为法国化的一位作曲家这一点而言，他就值得受到尊敬以及被认真地研究。

---

① 让·谷克多（Jean Cocteau，1889—1963），著名法国诗人，编剧，小说家，设计师，导演，视觉艺术家和评论家。作为先锋派的代表人物，许多艺术家包括“六人团”都受到了他的影响。

1

童年和少年时期 1899—1919

二十岁时，普朗克已经决定要成为一名音乐家，但他在情感世界却尚未看到方向：性向的困扰，内心的焦虑充斥在他二十多岁的人生中。

“你有时候把我称作‘坏小子’的一面是在马恩河畔诺让（Nogent-sur-Marne）很自然地形成的……那里是我理想的天堂。”

——弗朗西斯·普朗克

《与克劳德·罗斯唐的对话》

（*Entretiens avec Claude Rostand*）

童年和少年时期 1899—1919

弗朗西斯·普朗克于1899年1月7日，在巴黎富有而冷漠的第八区索塞广场（Place de Saussaies）2号出生。普朗克的家人能够住得起总统官邸，即爱丽舍宫附近的地方，是因为普朗克的父亲是化工龙头企业罗讷-普朗克（Rhône-Poulenc）的创始人之一。如今，这个公司的财富能够让巴黎人两眼放光。普朗克
12 的生活总是十分舒适，但在他生前，他家的公司还没有像后来那样富可敌国，所以他还是需要工作来维持他的生活水准。

普朗克的父亲埃米勒（Émile，1855—1917）来自南比利牛斯地区的阿韦龙省，是个小地方人，虔诚的天主教徒，喜欢贝多芬和西撒·弗朗克（César Franck）的音乐。普朗克的母亲珍妮（Jenny，1865—1915）生于巴黎一个制作挂毯、铜器和木工的手艺人家庭。她有着巴黎人特有的世纪之交的开朗性格，这种性情也传给了普朗克，成了他性格中关键的一部分。她喜欢莫扎特、肖邦，还有“招人喜爱的烂音乐”。由于宗教倾向，也因为他父亲，普朗克继承了一种法国乡下人的粗俗。而他相貌精致的妈妈则给了他无价的礼物：对音乐的热爱。多年后他在歌剧《加尔默罗会修女的对话》的题献中写道：“献给我的母亲，她向我揭示了音乐；献给克洛德·德彪西（Claude Debussy），他给了我创作的品位；献给蒙特威尔第（Monteverdi）、朱塞佩·威尔第（Giuseppe Verdi）、莫杰斯特·穆索尔斯基（Modest Mussorgsky）……”他把母亲和其他作曲家放在一起，足以看出他认为母亲是一位值得敬仰的、自成一格的音乐家。

他母亲的哥哥是马塞尔·罗瓦耶（Marcel Royer，1862—1945），也被叫作帕彭舅舅，因为小普朗克在试图叫“教父”（parrain）的时候念成了“papoum”。帕彭是狂热的戏剧迷和歌剧爱好者，喜欢说自己年轻时作为一个艺术学生的各种轶事，当时

他和图卢兹-罗特列克（Henri de Toulouse-Lautrec）打得火热。就像诗人 W. H. 奥登（W. H. Auden）和他的“亨利叔叔”一样，普朗克这个年轻的同性恋艺术创作者可以跟既有钱又单身，同时狂热地热爱艺术的舅舅学到很多东西。

两岁的时候，普朗克得到了一架画有樱桃图案的白色玩具
钢琴，他在上面假装“视奏”各种各样的东西，从商场购物目录到 13
火车时刻表。五岁的时候，他开始跟母亲更为正式地学钢琴，八岁开始跟随梅隆小姐学习。梅隆是著名教师塞西尔·布泰·德·蒙特威尔（Cécile Boutet de Montvel）的助教，而蒙特威尔是西撒·弗朗克的侄女。八岁左右，普朗克接触到了德彪西的音乐，虽然他还弹不出来，但那时他已经能弹唱舒伯特《冬之旅》套曲的法语版本了。在帕彭叔叔给他介绍了著名的男高音埃德

普朗克从未有过什么动人的相貌。少年普朗克被朋友形容为像个“年轻的大象”。虽然他的长相之后也没变得更好，但这从未影响到他多姿多彩的同性恋生活。

普朗克迫不及待地想要逃离巴黎冰冷势利的第八区,上层阶级的生活让他无聊到想哭。

— Rue de Vienne. - Rue de Rome.

蒙·克莱茫(Edmond Clément,1867—1928)之后,他也梦想成为一名男高音。但十四岁的时候他变声了,“从此我就只有一副讨厌的作曲家嗓音了”。

16

摄于 1925 年,早期的伊戈尔·斯特拉文斯基。普朗克崇敬这位俄罗斯作曲家“巨人般的肌肉”。

1914 年,普朗克去巴黎赌城音乐厅(Casino de Paris)听了皮埃尔·蒙都(Pierre Monteux)指挥斯特拉文斯基的《春之祭》(*Le Sacre du Printemps*),从此成为斯特拉文斯基一生的追随者。在那之前一年,由尼金斯基(Vaslav Nijinsky)编舞的芭蕾剧《春之祭》举行世界首演,成为了二十世纪艺术界的一大争议性事件。对音乐有如“异教”的呈现震惊了优雅的芭蕾界。那些像普朗克一样只去听了乐队单独演奏的人对这部作品更热爱一些,没有了舞者的视觉干扰,皮埃尔·蒙都超凡的指挥成为了最大的亮点。

普朗克保守传统的父亲跟他说:“你这孩子,对音乐的品位怎么这么怪!” 作为一个文化品位很高的十五岁少年,普朗克的钢琴上摆满了新作品的曲谱,如斯特拉文斯基的《彼得鲁什卡》(*Petrushka*)和《春之祭》、巴托克(Béla Bartók)的《野蛮的快板》(*Allegro barbaro*)、勋伯格(Arnold Schoenberg)的《六首小品》(*Six Little Pieces*)。他也了解德彪西和拉威尔的全部作品。他对唱片的终生喜爱也是从很小就开始:从孩童时期起,他就经常去意大利大道上的“百代之家”(Maison Pathé),那里只要投币就可以听唱片。1914 年,他在那里发现了自己最喜欢的法国钢琴家爱德华·瑞斯莱(Edouard Risler)发行了新唱片。瑞斯莱弹奏的是埃曼纽尔·夏布里埃[Emmanuel Chabrier(1841—1894)]《如画小品》中的《牧歌》(*Idylle* from *Pièces pittoresque*)。这个作曲家在当时的普朗克看来并不是很重要。从他在自动唱机投下硬币的那一刻起,他的人生就此改变。几十年后,他在著作《埃曼纽尔·夏布里埃》中写道:“即使是现在,我想起那一刻所听到的奇迹,都会感到震撼,一个浩瀚的和声宇宙突如其来地在我眼前展现开来,而我的音乐从未遗忘这最初的爱之吻。”

夏布里埃温柔而微妙的《牧歌》的确创造了一个宇宙,拥有一种柔波粼粼的意境,展现出的似乎是从十八世纪树木间看到的风景。对普朗克这样一个有着高度乐感、投身于美的年轻人来说,《牧歌》让他看到了生命和艺术可以展现的最美的一瞬。

普朗克从此在创作自己的音乐时也会想到绘画，这些绘画能帮助他在作品中展现一种“风景”。夏布里埃作为一个艺术收藏家，也是这样做的。

普朗克在十岁前就熟悉了现代文学，这要归功于一个年轻朋友雷蒙·里诺西埃(Raymonde Linossier)，一个在他之后的生 17
命中起到最重要作用的人。普朗克在两家人共同于维希疗养时遇见她，他们一起背诵了马拉美那艰涩的诗歌。雷蒙把普朗克带到了阿德里埃娜·莫尼尔(Adrienne Monnier)位于巴黎六区奥德翁路的“书友之家”(Aux Amis des Livres)书店，在那里他听到了众多著名作家朗读自己的作品，其中有保罗·瓦勒里(Paul Valéry)、安德烈·纪德(André Gide)、保罗·克洛岱尔(Paul Claudel)、瓦莱里·拉尔波(Valéry Larbaud)、纪尧姆·阿波利奈尔(Guillaume Apollinaire)、莱昂-保尔·法尔格(Léon-Paul Fargue)等。这其中有些作家，比如瓦勒里和克洛岱尔，实在是比较糟糕的朗读者，普朗克可能从这样的反例中学到了朗读的声音对出色的文字的重要性。在普朗克的歌曲中，词作者的嗓音对他来说始终很重要。

普朗克的童年不完全是在读书和弹琴中度过的。他假期时会去巴黎东边几公里外马恩河畔诺让的祖父母家。二十五岁之前他都会定期去那里，他喜爱那里的船、伴着手风琴的舞蹈、炸薯条和便宜的红酒。他也欣赏到了吟游歌手们的歌曲，比如文森特·斯考特(Vincent Scotto)和亨利-马里斯·克里斯汀纳(Henri-Marius Christiné)的创作。远离了莫尼尔书店关于审美判断的讨论，诺让能让人放松下来，不加思考地享受感官愉悦。对普朗克这样一个把舒适、享乐看得最重要的人来说，这是一片乐土(普朗克的父母找了保姆照顾他，直到十五岁的时候保姆不情愿地离开了)。诺让的经历可能决定了普朗克之后对情人的选择，他更喜欢工人阶级而不是知识分子。

普朗克的导师里卡多·维涅斯将年轻的普朗克带入了巴黎上层社会，这对普朗克来说是人生中极重要的一步。

1915年普朗克遇到了他的导师之一——里卡多·维涅斯(Ricardo Viñes，1875—1943)。这位出色的西班牙钢琴家录制了无可替代的二十世纪作品的录音，他是德彪西和拉威尔的好友，并首演了他们的作品，还有恩里克·格拉纳多斯(Enrique

乔治·奥里克(Georges Auric,1899—1983),让·谷克多的绘画。奥里克是普朗克的一位耐心又有远见的顾问,也是他一生中最好的朋友之一。

Granados)、伊萨克·阿尔贝尼兹(Isaac Albéniz)、曼努埃尔·德·法雅(Manuel de Falla)的作品。他演奏时大量使用踏板,以独特的松弛而有力的触键创造出无人能及的精美音色。普朗克提起维涅斯时说:“我的一切都归功于他。”他不仅仅是个钢琴老师,普朗克从他那里学到了演奏钢琴的基本音响效果,例如踏板的使用,并且说到在演奏他自己的钢琴作品时,踏板用得再多也不要紧。

维涅斯向普朗克介绍了两位很有影响力的朋友:乔治·奥里克和很受争议的作曲家埃里克·萨蒂(Erik Satie)。两人都是
普朗克早年的美学榜样。萨蒂与众不同,勇于创造,不害怕显得 *19*
全然怪异,因此他诚实地对待自己的艺术理想。普朗克在1917年遇见萨蒂时,萨蒂的芭蕾舞剧《游行》(*Parade*)刚刚由谢尔盖·佳吉列夫(Serge Diaghilev)的俄罗斯芭蕾舞团(Ballets Russes)首演,普朗克对这部作品的极大热情引起了萨蒂的兴致。萨蒂的财政状况始终堪忧,因而一开始对普朗克的富有十分怀疑,但后来被普朗克对他的恭维打消了。乔治·奥里克和普朗克同龄,在当时已经以音乐和文学天才的身份立足了。作为一个十四岁时就被认可的作曲家,他和作家莱昂·布洛瓦(Léon Bloy)、

作曲家埃里克·萨蒂(1866—1925),照片摄于1910年左右。萨蒂有酒鬼脾气,但其作品很受普朗克敬佩。

萨蒂的芭蕾舞剧《游行》于1917年5月18日由佳吉列夫的俄罗斯芭蕾舞团首演，列昂尼德·马西涅(Léonide Massine)编舞，巴勃罗·毕加索(Pablo Picasso)进行舞台服装设计。这个制作对普朗克自己的第一部由佳吉列夫芭蕾舞团首演的芭蕾舞剧《母鹿》(*Les Biches*)来说，是一个难以逾越的模板。

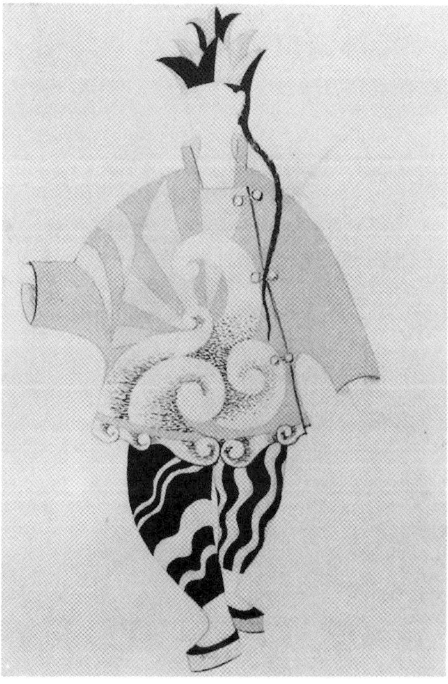

雅克·马里丹(Jacques Maritain),还有阿波利奈尔都有联系。普朗克在音乐生涯的早期不断寻求奥里克的建议,并认真听从。

普朗克一生中,不断寻求各种建议来鼓励或挑战自我,让他的同龄朋友代替惯于责难他的父母的角色。奥里克和雷蒙·里诺西埃一样,会毫不客气地评论他的作品和行为。之后,普朗克又从男中音皮埃尔·博纳克(Pierre Bernac)和钢琴家雅克·费弗利埃(Jacques Février)的建议中得到了许多益处。他们会坦
22 白地指出他正在创作的作品中有哪些问题。有时候普朗克会毁掉这些作品,但更多的时候他会在创作的激情和自我批评中找到理想的平衡。普朗克把作曲变成社交活动,在创作过程中会尽早地寻求他人的观点。他创作时是独自一人,但是一旦写下来后,就会找那些他尊敬的人来评论,首先就是奥里克。

随着"一战"的爆发,有些普朗克的同代人选择在享乐中"自我破败"。在等待被战争机器召唤的时间里,狂乱的派对被认为是唯一合理打发时间的方式。普朗克还在继续上钢琴课,即使他注定马上就要进入军队。1917 年,他去看了阿波利奈尔的剧作《蒂蕾西阿斯的乳房》的首演,这成为了他日后最出色的一部作品的源头。同样也是那一年,维涅斯带普朗克会见了著名的女高音简·巴多丽(Jane Bathori)。她首演过德彪西、拉威尔和萨蒂的作品。在巴多丽的沙龙中,他认识了其他著名的前辈音乐家,如阿尔蒂尔·奥涅格、路易·迪雷(Louis Durey)、热尔梅娜·塔耶费尔(Germaine Tailleferre)。

普朗克热衷于联系著名音乐家,这通过他在 1915 年作为"签名猎人"开过一个莽撞的玩笑表现出来。他给一群作曲家写信(德彪西、圣-桑、萨蒂、斯特拉文斯基和阿尔伯特·鲁塞尔[Albert Roussel]),询问他们对西撒·弗朗克的看法。十五岁的普朗克根本不关心他们到底对弗朗克有什么看法,只是想要到签名。后来,普朗克却说这事发生在他十八岁的时候,大概这是他过长的青春期的体现。大师们友好地回复了这位陌生的年轻人,最好的回答来自萨蒂,用戏弄回答了戏弄:"弗朗克的作品非常的'弗朗克化',是这个词的最好体现。"

普朗克也给他近来在郊区打网球时认识的一位年轻作曲家达律斯·米约写过信。米约是来自普罗旺斯的犹太人，又黑又壮，他善意地鼓励了普朗克。普朗克直白地向米约请求了签名，没有再用弗朗克做借口。

1917 年普朗克的父亲去世，此前两年，他母亲也去世了。他搬到蒙苏路，这是巴黎八区一个冰冷的角落，和他的姐姐让娜， 23
还有姐夫住一起。他很自由，财务也独立；也许并不是巧合，他从这时开始真正认真地创作了。最初的作品并不是很有意思：1917 年的一首钢琴曲《满大人火葬葬歌》(*Processional for the Cremation of a Mandarin*)只是对斯特拉文斯基糟糕的模仿。同年为男中音、钢琴、长笛、单簧管和弦乐四重奏所作的《黑人狂想曲》(*Rhapsodie nègre*)有更多的独创性，歌词为无意义的音节，据说是利比里亚的一位黑人诗人的创作。相对于所谓"非洲"词语的粗鲁，歌唱的旋律线出人意料地平和，飘浮在器乐组讨好听众却不协和的声音之上。

那年九月，普朗克带着引荐信前往巴黎音乐学院，拜访著名的作曲老师保尔·维达尔(Paul Vidal)。普朗克在给维涅斯的一封信中描述了会面的经过：

> "我把《黑人狂想曲》的手稿递给他，(维达尔)专心地读着，皱起眉头，愤怒的视线移到了给埃里克·萨蒂的题献上，他一下子站了起来，一字不差地这么对我吼道：'你的曲子糟透了，技巧拙劣，一塌糊涂……啊！原来你是斯特拉文斯基和萨蒂这帮人的追随者。那就再见！'他几乎直接把我轰出了房间。"

萨蒂听说维达尔的态度后建议普朗克："一笑了之吧，孩子！"普朗克没有气馁，他准备于 1917 年 12 月在巴黎老鸽巢剧院里由巴多丽组织的一场音乐会上首演《黑人狂想曲》。原定的男中音却在最后时刻临阵怯场了，于是普朗克自己登台，演唱了男中音部分。大家赞扬这部作品有"令人心动的淳朴"，普朗克因而得到了有影响力的支持者。根据一份记述，拉威尔当时在场，他表示"普朗克的优点在于他创造了他自己的民俗风格"。

芭蕾舞团团长佳吉列夫听说作曲家还是个少年，觉得很惊奇。伊戈尔・斯特拉文斯基从维涅斯那里听说普朗克被巴黎音乐学院拒之门外，其原因是教授觉得他的作品跟自己与萨蒂的算同一类别，之后，就安排他在伦敦的出版商“切斯特音乐”(Chester Musik)出版了《黑人狂想曲》。

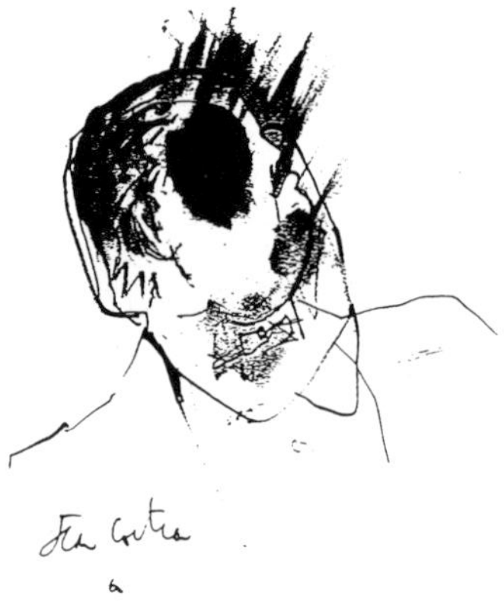

上图：谷克多的一副未完成的佳吉列夫肖像传达了他对包括拉威尔和普朗克在内的作曲家展示出的海盗般的暴力。

右图：莫里斯・拉威尔(1875—1937)对普朗克一直没什么吸引力，直到这位年轻的作曲家听了他的歌剧《孩子与魔术》，该剧本由小说家柯莱特(Colette)创作。

普朗克很快又创作了其他新作品。《两支单簧管奏鸣曲》是
对传统三乐章奏鸣曲的一次尝试，由“急板”“行板”“终曲”（活泼 24
的）三个乐章组成。这首长度为六分钟左右的作品在和声上并没有什么创新。一开头两支单簧管并行奏出活泼的节奏，和之后的甜美柔和的旋律形成对比。普朗克模仿了很多斯特拉文斯基的活跃节奏，但在这部早期作品中，他写得还是和他的榜样有所不同。斯特拉文斯基喜欢固定不变的节奏，把音乐看成是一种并不表达什么的抽象艺术；而普朗克更为柔情，希望音乐能够展示各种各样的情境和感情，就像过去，从拉莫（Jean-Philippe
Rameau）到夏布里埃的法国作曲家所做的那样。普朗克后来认 25
为《两支单簧管奏鸣曲》只是一首“幼稚的呓语”，他可能是特指中间的行板乐章，写得过于像钢琴曲，两条单簧管的旋律并不是地道的管乐写法，而更像钢琴上的左右手旋律。普朗克仍然继续写作钢琴曲，但他之后写作的管乐乐曲就没有再出现这样的问题了。

另一首作品虽然好听，但算不上有多重要，是为钢琴而作的《三个无穷动》（*Trois mouvements perpétuels*，1918）。和帕格尼尼传统的无穷动不同的是，普朗克对“运动”的概念更像是塞纳河畔伴着愉悦、活泼声响的轻快漫步。第一乐章标示着“平衡而节制”（普朗克自己弹的是一种直接的风格，比较轻快）。第二乐章是“漫不经心地”，然后是“歌唱地”。只有在第三乐章里，作曲家似乎突然惊醒，标示了“警觉地”，展现了他的身手。这一段所表现出的自信足以说明普朗克完全可以打破流畅柔美的风格。普朗克称《三个无穷动》“非常简单”，他指的可能是作品很清楚地受到了萨蒂优雅的《裸体歌舞》（*Gymnopédie*）的影响，有着十八世纪式的简洁风格。《三个无穷动》是一首长度不到五分钟的曲子，和其他普朗克早期最出色的作品一样短小。正是这种简明打动了把普朗克的作品送去切斯特出版社出版的斯特拉文斯基；后来，维涅斯在全欧洲的音乐会上演奏并宣传它们。

普朗克于 1918 年面世的《钢琴四手联弹奏鸣曲》（*Sonata for Piano Duet*）证明了这些前辈的鼓励是有道理的。这首新奏鸣曲有非洲的粗野风格，又有斯特拉文斯基式的打击乐风格。

它由三个乐章组成:“前奏”“粗犷的”“终曲(非常快)”。普朗克刻意地让这首曲子显得不流畅、不灵活。第一乐章“前奏”开头是节奏复杂而尖锐的钢琴和弦,在四只手的敲击中显现出无休止的紧张度,似乎两个演奏者艰难地在一个键盘上合作着。这首曲子尽管长度没有超过《两支单簧管奏鸣曲》,却显得更宏伟,一部分是因为钢琴的打击乐性质。三乐章奏鸣曲的结构展现了
26 普朗克受到的三位作曲家主要音乐风格的影响:第一乐章是斯特拉文斯基,第二乐章是萨蒂,第三乐章是夏布里埃。第一乐章的炫技很接近斯特拉文斯基有时候会近乎暴力的一些钢琴作品。这种紧张度在第二乐章有所缓解。单纯的行板,几乎像写给幼童的诗,和颤音同时进行,这是萨蒂钢琴曲中常见的。“终曲”多了份活力,虽然隐约可见的温柔暗示了夏布里埃的风格,但没有旋律化的内容。由于这首奏鸣曲是作曲家写给自己和另外一个钢琴家演奏的(不像《两支单簧管奏鸣曲》),因此可以表现出更多个人魅力。出其不意的节奏变化,天然而又活泼的特性,传达出作曲家出众的才智。这样的个人风格十分吸引人,让观众想要听到更多。

《钢琴四手联弹奏鸣曲》最早的拥趸之一是指挥家厄内斯特·安塞美(Ernest Ansermet),他于1919年10月在《罗曼德杂志》(*La Revue romande*)上发表了一篇热情洋溢的评论。他指出,普朗克的奏鸣曲和过去主题和声明确发展的标准奏鸣曲式不同的是,他的奏鸣曲更像三个独立的短小乐章,各自风格鲜明,几乎没有乐思发展。安塞美指出他能听出明显的来自斯特拉文斯基、拉威尔、萨蒂和夏布里埃的影响,但他赞扬普朗克保持了一种“特别的简短”(“apparent poverty”),由此展现音乐创作的规则和节制。无论受到多少影响,作曲家都敢于保持简单。

1917年春天,维涅斯再次帮助了他。这次他把普朗克介绍给了拉威尔。然而年少的普朗克给他演奏时,心境相反的老作曲家打断了他。普朗克从此跟拉威尔保持距离,直到被拉威尔的歌剧《孩子与魔术》(*L'Enfant et les Sortilèges*,1925)所打动。普朗克始终没有跟拉威尔学习过,因为他们这次会面之后普朗克很快就不得不参军了。

普朗克于1918年1月被动员入伍，然而并不适应在军中的生活。他是个生活优渥的有钱少爷，完全没有适合从军的品质。一开始他作为一个“未经指导的司机”待在巴黎城外的文森（Vincennes），但是仅仅几个月后，在1918年5月他就进了军队监狱，因为请假在巴黎待得过长。他开始写信给朋友诉说这一悲惨状况。在给瓦伦汀·格罗斯（Valentine Gross，她后来嫁给了让·雨果[Jean Hugo]）的信中，普朗克哀求着说：“得有人救救我……我脑子里有各种好主意。”但即便如此，他也没有丧失 27
自己的幽默感，让瓦伦汀告诉其他朋友他被关进监狱的事情，因为“太有意思了”。

在那十天的牢狱生涯中，让·谷克多写信来，跟他讨论一个叫《杂耍》（*Jongleurs*）的项目。这部作品包含两个乐章，一个喧闹、暴力的前奏曲和一个平静的、遵循古典规则的乐章。一开始，普朗克对这部作品有着高度评价，认为这部作品有着“一种疯狂的忧郁，一种在我之前的作品中看不到的敏感”。他希望主乐章的配器要“和莫扎特的一样清晰”。前奏曲则要狂野一些，或者要像普朗克所谓的“吵闹”一些，是由打击乐和一个“中国的单音号角”（唢呐）来演奏的。这部作品是受谷克多请求，为舞台演出而作的，最终在1919年和1921年上演，由著名的法国舞蹈家卡莉阿西斯（Caryathis）在台上典雅而忧郁地起舞。《杂耍》虽然并不算是芭蕾音乐，但和戏剧背景不可分割。因此，普朗克后来认为这部作品没有独立的音乐价值。

评论家雷诺·马夏说《杂耍》是“西方音乐史上第一个单独为打击乐而作的作品，早于埃德加·瓦列兹（Edgar Varèse）的《电离》（*Ionisation*）”，而作品中出现的唢呐反驳了他的说法。很多评论低看了普朗克音乐中非洲音乐对他创作的影响，主要因为他后来总是表示看不起爵士乐。尽管如此，在他早期的作曲生涯中，他受米约和海托尔·维拉-罗伯斯（Heitor Villa-Lobos）的影响很大，而这两位作曲家都深受巴西黑人（Afro-Brazilian）文化的熏陶。

后来，普朗克努力避免自己青春年少时所具有的强烈节奏感的一面。除《杂耍》之外，他还销毁了写在《黑人狂想曲》之后的另一部曾列为作品 2 号的作品。这部作品叫《塞内加尔诗篇》(*Poèmes sénégalais*)或者《四首塞内加尔之歌》(*Quatre Chants sénégalais*)。普朗克认定这种野性的新节奏并不是他真正追求的，他也无法模仿瓦列兹或者其他“声音先驱”们的例子。

在这个时期，普朗克当然想表现得具有独创性。他没有让好友毕加索帮忙为《杂耍》的演出制作舞台和服装设计，因为他不希望观众联想起萨蒂的芭蕾舞剧《游行》——毕加索的设计令
28 人印象深刻，而普朗克不希望自己看上去是在模仿大名鼎鼎的前辈。

这位苛刻的作曲家又毁弃了其他几部早期作品：一首“拉格泰姆风格”小提琴奏鸣曲、一首钢琴三重奏和一首为匈牙利扬琴和木管四重奏而作的奏鸣曲。而有一部作品留存了下来，这就是滑稽歌曲《斗牛士》(*Toréador*)，歌词来自谷克多。普朗克称这是一首“西班牙—意大利—法国”歌曲，因为斗牛士不厌其烦地用歌声表达着他对“威尼斯珀皮塔皇后”的爱，又在圣马可广场上斗牛。作为由一位伟大的法语歌曲作曲家创作的最早的歌曲之一，这首歌曲在今人看来不尽如人意。在谷克多的词中，牵强的幽默在十二段四行诗中重复着，冗长的副歌则重复了三遍(普朗克之后为阿波利奈尔的《斗兽集》[*Le Bestiaire*]而配的警句般的歌曲更好地体现了他的天赋)。在普朗克的作品中，《斗牛士》以其过度的滑稽风格(buffo)和长时间单一的搞笑成为独特的一例。在以后为阿波利奈尔或者马克斯·雅各布(Max Jacob)配曲的滑稽歌曲中，普朗克的幽默总有一层忧郁或威胁。而《斗牛士》中强行扭出的滑稽部分则可能预示了他在 1921 年退伍时的兴奋。当战士的时候他不得不随军到处转移，但到了 1919 年夏，他终于靠关系在巴黎的空军部门谋得了一个秘书职位。

一次兵假时，普朗克在瓦伦汀·雨果(Valentine Hugo)于巴黎的家中见到了纪尧姆·阿波利奈尔(Guillaume Apollinaire)。这位《醇酒集》(*Alcools*)和《图画诗》(*Calligrammes*)的作者在当时已经有了不小的名气，而且不只是作为一个诗人的名气。他因风流轶事而闻名，比如他和有时是同性恋的女画家玛丽·洛

朗桑(Marie Laurencin)的关系。有指控称他参与策划从卢浮宫偷窃《蒙娜丽莎》。他在国家图书馆的禁书区当编目员的时候，借此了解了各种鲜为人知的色情读物。他自己的情色文学作品，比如《一万一千鞭》(*Onze Mille Verges*)，则是各种有关性虐待的内容。普朗克在这位诗人于 1918 年的西班牙流感潮中死去之前还见过他好几次，记住了“他那很特别的嗓音，半讽刺、半忧伤。你可能会觉得所有的诗人都应该有柔和平顺的嗓音，因为阿波利奈尔，还有艾吕雅、瓦勒里，都不太发出声音”。

1918 年，普朗克的书商朋友阿德里埃娜·莫尼埃(Adrienne 29
Monnier)寄给他一份重印的《斗兽集》，包括三十首诗和劳尔·杜飞(Raoul Dufy)的木版画(书的一开头就是一幅肌肉丰满的裸

纪尧姆·阿波利奈尔(1880—1918)是一位诗人、情色文学作者，被指控偷窃了《蒙娜丽莎》。普朗克被他的韵文剧《蒂蕾西阿斯的乳房》深深吸引，这部剧在“一战”期间首演，后来普朗克依据剧作创作了歌剧。

体奥菲斯，引人瞩目）。普朗克总是认为他自己的音乐艺术和杜飞的绘画艺术有相似之处，而当他谈起《斗兽集》的诞生时，总会提到那些木版画。视觉刺激是普朗克音乐灵感的关键。

这套冷静的《斗兽集》最初由十二首歌曲组成，而最终只剩下六首：《单峰骆驼》(*Le Dromédaire*)、《藏羚羊》(*Le Chèvre du Thibet*)、《蚱蜢》(*La Sauterelle*)、《海豚》(*Le Dauphin*)、《螯虾》(*L'Écrevisse*)和《鲤鱼》(*La Carpe*)。这些动物和一个爱情故事
30 相关联，以博学而简明的形式展现了阿波利奈尔的人生哲学。诗文为四行诗，和喋喋不休的《斗牛士》相同，但这里每一首诗所配的音乐都有不同的情绪，连贯而又丰富多彩。这些歌十分短小，就像是快速扫过的画面，听者刚刚进入一首歌的意境，就结束了，下一首已经开始。普朗克对于这种简短没有感到任何不适：他从很小的时候，谱架上就摆着勋伯格的《六首钢琴小品》(作品 19)，被当作是浓缩的情感表达的范例。

右图：劳尔·杜飞正在为 1937 年的巴黎世界博览会创作他的巨型壁画《电力女神》(*La Fée Electricité*)。普朗克对杜飞的画作很有认同感：他画作中明亮柔和的色彩和对巴黎的热爱也是普朗克创作一些作品的源泉。

第一首《单峰骆驼》描述了阿尔法罗贝伊拉的堂·佩德罗，一位中世纪的葡萄牙王子，骑着单峰骆驼前往圣地朝圣。音乐展现了沙漠中激越前行的队伍。沉重的钢琴低音摇晃徘徊，让人似有晕船之感，却又被轻快跳跃的钢琴结尾打断。这句结尾，普朗克自己弹得轻快而又坦诚，有种童真的快乐。第二首《藏羚羊》既不沉重也不轻快，是一首温柔到要融化的情歌。它和希腊神话中伊阿宋和金羊毛的故事有关，要求歌手既表现得学识渊博，又令人信服地沉浸在爱情中。皮埃尔·博纳克作为一个集智慧和敏感于一身的歌手，完全能够胜任。第三首的主题蚱蜢——看上去应该是热闹有力的音乐，但普朗克为蚱蜢所作的音乐却很优雅，甚至比金羊毛的爱情故事还要慢一些。旋律执拗地在两个音上重复，可能是要由此展现昆虫千篇一律的生活。《海豚》是关于海豚在海中玩耍的景象，音乐也和词互相“冲突”，至少旋律是忧郁的，而不是跳跃律动的，点明尽管海豚在戏耍，“生命却仍旧残酷”的现实。《螯虾》的速度更快一些，但同样传递着苦乐参半的信息：人就像虾一样，用“向后的方式往前，总在向后”。蜿蜒后退的波流是用一条扭曲的旋律来表现的，暗示了

曲集开头堂·佩德罗的骆驼音乐。在最后一首歌中，即使是生命的延续，对沼泽中的鲤鱼来说，也蒙上了诡异、阴森的氛围："死亡是否已将你遗忘，忧伤的鱼儿?"《鲤鱼》中的钢琴部分奏响不祥的钟声，似乎是在询问死亡还会遗忘听者多久，也好像是堂·佩德罗骆驼脚步的遥远回声。

32 整部《斗兽集》中的人声部分都流畅而自然，又对法语的重音和语调非常敏感。和《斗牛士》中喧闹的丑化不同，《斗兽集》有着一种悲伤的婴儿所具有的天真和沉重。相比之下，拉威尔基于儒勒·雷纳尔(Jules Renard)的长文套曲《自然的故事》(*Histoires naturelles*)更刻意逗趣一些，《斗兽集》是一部真正发自内心的作品。现代音乐中像这样具有私人交流之韵味的作品很少见。这也是为什么尽管存在一个为弦乐四重奏、长笛、单簧管和大管而作的室内乐团版本，简单的声乐和钢琴版本还是更受欢迎的原因。

右图：让·谷克多和他的朋友安娜·德·诺瓦利斯(Anna de Noailles)的半身像在一起。作为一个多才多艺的诗人、起草者、电影制作者、舞台设计和宣传家，谷克多在巴黎文化人的眼中(包括普朗克)，活跃了几十年。

1919年6月8日，艺术展商莱昂斯·罗森堡(Léonce Rosenberg)组织了一场午后的阿波利奈尔纪念会。阿波利奈尔在前一年的十一月过世了。读悼词的作家有谷克多、安德烈·布勒东(André Breton)、布莱斯·桑德拉尔(Blaise Cendrars)、马克斯·雅各布和皮埃尔·勒韦迪(Pierre Reverdy)——纪念会完全就是个法国青年诗人大集合，但普朗克描述它是"能令人昏昏欲睡的东西"。为了活跃气氛，他首次演出了《斗兽集》。自己担任钢琴伴奏，和来自喜歌剧院的女高音让娜·博雷尔(Jeanne Borel)同台。尽管这部作品很受欢迎，但普朗克却表示不会再演它了，因为他觉得作品结构有问题。他思索着是否也要毁弃这部十二首短歌组成的作品，但雷蒙·里诺西埃和乔治·奥里克说服他只把作品删去一半。剩下的六首歌组成了一个五分钟不到的组曲，成为了今人所知的《斗兽集》。有三首普朗克删去的歌曲后来还存在档案中，是《跳蚤》(*La Puce*)、《蛇》(*La Serpent*)、《白鸽》(*La Colombe*)。它们并非不如被保留的那几首。

删减后的《斗兽集》由普朗克和女高音苏珊·佩尼欧(Susanne Peignot)首演，佩尼欧是他最亲近的音乐盟友之一。

另外一位早期演唱者是波兰出生的女高音玛雅·弗赫(Marya Freund),她参加了1913年勋伯格的《古雷之歌》(*Gurrelieder*)在维也纳的世界首演。弗赫也在欧洲各地首演勋伯格的《月光下的皮埃罗》(*Pierrot Lunaire*)。普朗克写道:"只有当玛雅·弗赫像演唱舒伯特那样庄重地演唱《斗兽集》时,人们才意识到那不是个笑话。"《斗兽集》受到了厄内斯特·安塞美(Ernest Ansermet)和斯特拉文斯基的赞扬,也成为了普朗克最受喜爱的作品之一。

34 十分巧合的是,另一位普朗克的作曲家好友——路易·迪雷,在同一时间也为阿波利奈尔的《斗兽集》创作了声乐作品。迪雷直到1922年才让简·巴多丽首演了这部作品。谷克多认为两者都很不错:"普朗克像是小狗一样的跳跃,而迪雷则像优雅的鹿脚。两个都很自然,所以我们能够以同等的愉悦聆听它们。"然而迪雷的作品已经被遗忘很久了。

二十岁的普朗克还穿着军队制服,就已经朝着公众知名度跨出了一大步。即使他后来声称自己是一个常被误解的作曲家,但他至少从来都不是一个被忽略的作曲家。

2

从六人团到《母鹿》1920—1924

玛丽·洛朗桑(1885—1956)为普朗克的芭蕾舞剧《母鹿》所做的服装设计巧妙地呈现出复杂的性别特征:洛朗桑把女性刻画为浪漫、诱人的生物,仅靠着魅力生存。

佳吉列夫的想法是搭建一个现代版的《仙女们》(*Les Sylphides*),也就是一个以表现氛围为主的芭蕾舞剧。那时候我就想到,可以把它设置在一个乡间别墅中一间巨大的房间里,唯一的家具是一个很大的"洛朗桑蓝"沙发,做成现代式的风流舞会。大概二十个迷人的轻浮女子在屋里和三个帅气魁梧的、打扮成划船手的男子嬉戏着。

——弗朗西斯·普朗克

《我和我的朋友们》(*Moi et mes amis*)

从六人团到《母鹿》1920—1924

右图：谷克多从不会轻率对待任何一个拍照的机会。他给朋友们(包括普朗克)寄了一张学院风的肖像照。看上去好像是在有意展示谷克多喜欢戴的一大堆富有艺术气息的帽子。

普朗克闷闷不乐地服役直到1921年，当时，他就知道自己很快就要在战后巴黎的艺术风潮中和朋友重聚了。“一战”后，达达主义、立体主义和超现实主义等艺术运动爆发的能量也席卷了音乐界。达律斯·米约作为外交官兼诗人的保罗·克洛岱尔的秘书，在1917年1月前往巴黎，并在1918年底返回时带了一整行李箱的桑巴节奏记录。这些后来融入了像《屋顶上的牛》(*Le Boeuf sur le toit*，1919)和《创世纪》(*La Création du monde*，1923)这样的杰作中。一个人所需要的，似乎只是一群精力十足的朋友和一份宣言。普朗克两者都有了。

1920年的巴黎，一群年轻音乐家常在一起吃饭，一同去听音乐会。他们都认识诗人让·谷克多。谷克多会为任何人做宣传，从异装癖的走钢丝演员巴别特(Barbette)，到他的情人——一个吸毒的美国黑人拳击手“巴拿马”奥·布朗(Al Brown)。谷克多推动年轻音乐家朋友的发展，视他们为异于保守的合唱学院(Schola Cantorum)的另一股力量。合唱学院教授的是西撒·弗朗克和樊尚·丹第(Vincent d'Indy)这些传统的宗教音乐。谷克多敦促年轻音乐家离开那些严肃、虔诚的传统音乐会，去听那些真正提升生活体验的音乐。这位极度活跃的年轻诗人说，音乐不应当是“你把脑袋放在手中听的”。

谷克多挥霍着人生精力，像一只过度打扮、吸了鸦片的小狗一样四处蹦跶，震惊并触怒着人们。即使普朗克从1917年起就是他的好友，他也过了几十年才能够跟上谷克多光速般的活动。他为谷克多配曲的《人类之声》(*La voix humaine*)和《蒙特卡罗夫人》(*La Dame de Monte Carlo*)是四十多年后才写就的，但即使到了那时，普朗克依然没有为谷克多的诗配曲，他认为这些诗在精神上更接近电影、话剧而不是歌曲。

à Francis Poulenc
souvenir
de Londres Jean Cocteau
HANA STUDIOS Ltd
LONDON

谷克多1917年和俄罗斯芭蕾舞团完成了芭蕾舞剧《游行》的框架。这部戏由毕加索负责设计，萨蒂作曲。之后，他将自己的想法写在了《公鸡与小丑》(*Le Coq et L'Arlequin*)中。这本书
38 是他作为非音乐家提出的关于音乐的想法。谷克多在书中攻击了瓦格纳，还表示不喜欢“俄罗斯的影响”，普朗克作为穆索尔斯基的崇拜者，无法同意这样的观点。谷克多甚至也攻击了德彪西的晚期作品，而普朗克也很喜欢那些作品。但是谷克多却十分喜欢萨蒂，尤其是他的简单风格。普朗克的大多数朋友也都喜欢萨蒂精简而诡异的音乐。他为两个女高音和小室内乐团而作的《苏格拉底》(*Socrate*，1920)被作曲家亨利・索盖(Henri Sauguet)描述为“好像用格里高利圣咏念诵福音书”。萨蒂创造的作品永远保持着特立独行的品质，庄重但不沉重，严肃但不凝滞。敢于与众不同，遵从内心真正的美学需求，是萨蒂的第二天性。他沉迷于收集雨伞，在他死后，人们在他巴黎城郊的狭小公寓里面发现了成堆的雨伞，很多都没有开封。

对于普朗克和米约这样的年轻作曲家来说，萨蒂拒绝随波逐流，成为他们不在音乐创作上循规蹈矩的榜样。萨蒂能够在《裸体歌舞》(*Gymnopédies*)中迷住听者，但也指出作品应该避免展现迷人的时刻。不幸的是，二十世纪二十年代起，他的艺术和情绪控制随着酗酒带来的疾病而失控。六人团的年轻成员们对萨蒂日渐暴躁的脾气和《游行》《苏格拉底》之后水平下滑的作品感到很失望。

1920年1月，音乐评论家和作曲家亨利・柯雷(Henri Collet)在《喜剧》(*Comœdia*)杂志上发表了一篇文章，标题为《俄罗斯五人团、法国六人团，以及萨蒂》(*Les Cinq Russes, Les Six Français, et Satie*)。柯雷公开宣布在十九世纪俄罗斯诞生了五人团(巴拉基列夫、鲍罗丁、居伊、穆索尔斯基和里姆斯基-科萨科夫)之后，法国有了更出色的六人团。达律斯・米约回忆：

> (柯雷)明显是随意地选择了六个名字。他选了奥里克、迪雷、奥涅格、普朗克、塔耶费尔和我，只是因为我们互相都认识而且是好朋友，又常出现在同一场演出节目中；尽管我们的脾气和

摄于1922的谷克多和六人团的照片。左起：米约、谷克多、奥涅格、塔耶弗尔、普朗克、迪雷。由于乔治·奥里克不在场，谷克多匆匆地给他画了一幅肖像。

个性完全不同！奥里克和普朗克追随谷克多的一些想法，奥涅格则遵循德国浪漫主义，而我却是地中海抒情风格！

当时业界认为，六人团秉持轻松、轻快的态度；但事实不同，
至少阿尔蒂尔·奥涅格喜爱那些谷克多声称他的朋友们正在远 39
离的庄重的宗教音乐，而普朗克也写了严肃的宗教作品。

这个杂合的团体1920年宣告成立，1921年就解散了，因为他们中最年长的路易·迪雷离开了其他人，搬到了法国南部的圣特罗佩(Saint-Tropez)。迪雷的左翼观点让他远离了帮助普朗克和奥里克展开事业的上流阶层沙龙。他的音乐至今仍未被录音，大部分也没有出版。普朗克和米约是他们当中在现今最受敬仰和作品被演奏得最多的，奥涅格次之。奥里克主要是作为电影音乐作曲家而出名(何塞·费雷[José Ferrer]的电影《红磨坊》中的《红磨坊圆舞曲》是他最出名的作品)。热尔梅娜·塔耶费尔作为成员中唯一的女性，是最少被后人提及的。

今人对六人团的兴趣可能更多是出于怀念他们当时的年轻和活力，而不是他们的艺术痕迹——六人团本应永远年轻。看到六人团三十年后重新聚首的照片令人心酸，六十多岁的谷克多看上去像只做了去皱手术的落魄老虎，肥胖的米约只能坐在
40 轮椅上，塔耶费尔像个公立学校退休校长，矮矮胖胖的；但在过去，这些音乐家曾经深切地享受过年轻人的魅力。

普朗克在诺让拜访祖父母时，在马恩河岸边听到的流行乐让他产生了灵感，并写了一些灵动的舞蹈音乐，加强了六人团特有的音乐感觉。他为谷克多的三个文本所作的《帽章》(*Cocardes*)是六人团成立前夕的一部重要作品。三首歌分别是《纳博纳的蜂蜜》(*Miel de Narbonne*)、《保姆》(*Bonne d'Enfant*)和《剧团中的孩子》(*Enfant de troupe*)。无意义的文字创造出了破碎的场景："波尔卡……焦糖，酸味棒棒糖……汉堡……黑啤……草莓

上图：1924 年的谷克多和奥里克。当时，谷克多的情人雷蒙·拉迪盖，也是奥里克的好友，已去世一年。谷克多以一种瘾君子的眼神遥望着远处，他在拉迪盖去世后就对鸦片成瘾。

右图：1921 年，米约和普朗克平静快乐的一幕，摄于米约位于艾克斯-普罗旺斯的家中。

糖浆。”在俗气如游乐场的气氛中,《帽章》的音乐和萨蒂的《游行》相像。普朗克喧闹的配器(铜管乐器、鼓、小提琴和三角铁)搭配出了一种“欢乐的集市”般的声音,这和他朋友们的作品放在一起也很和谐,比如米约的《屋顶上的公牛》和奥里克的《狐步舞》。《斗兽集》包含着动人心弦的微小情感,《帽章》则是轻轻撩动出的游乐场气氛。普朗克称他这部作品受的主要影响并非是 41
音乐上的,而是视觉上的,它来自好友罗杰·德·拉·弗雷奈(Roger de la Fresnaye)的爱国油画。

《帽章》有趣而又机智的音乐是我们眼中六人团的典型作品,他们对流行音乐感同身受。没心没肺的喜剧性甚至讽刺性,正符合了集市音乐(fairground music)和自动钢琴的典型风格。谷克多和普朗克认为《帽章》是向手风琴舞曲(Bal musette)[1]的致敬。但当这些机智的创作者欣赏着一个工人快乐地和情人跳舞时,他们却因为自己的社会阶级、教育水平或是性取向,永远不可能加入这样的活动。当普朗克和谷克多置身于这类市井环境中,他们就好像坐在一群屠夫中间的马塞尔·普鲁斯特(Marcel Proust)[2]。

他们在巴黎十四区维尔根路上的一个艺术家的工作室里开音乐会,工作室里有散发出暖气和硬木凳的怪味。追赶潮流的人们聚在一起听时髦的新音乐。一开始,六人团的音乐会主要演出外国作曲家的作品,有巴托克和勋伯格,也有博纳斯男爵(Lord Berners)、亚瑟·卢里耶(Arthur Lourié)、阿尔弗雷德·卡塞拉(Alfredo Casella)的曲子。前来参加音乐会的有钢琴家玛赛尔·梅耶(Marcelle Meyer)、画家玛丽·洛朗桑(Marie Laurencin)、谷克多的情人雷蒙·拉迪盖(Raymond Radiguet),还有普鲁斯特的朋友吕西安·都德(Lucien Daudet)。

这些节目很快吸引来了一群势利的上层人士。一些趋炎附

---

① 手风琴舞曲(Bal-musette)是一种器乐舞蹈形式,流行于十九世纪末的巴黎,最早由移居巴黎的奥弗涅人传入,通常在咖啡馆和酒吧中表演,由手风琴伴舞。这种舞蹈属于底层人民的娱乐活动,但当时一部分喜欢参与底层人民娱乐的巴黎上层人士也喜欢加入其中。

② 二十世纪法国小说家。

罗夫·德·马雷经理在他巴黎位于香榭丽舍剧院的办公室为他的瑞典芭蕾舞团创作，其中包括著名的《埃菲尔铁塔上的婚礼》(1921)，与六人团联合创作。

势的有钱人赞助了他们，其中有埃提安·德·博蒙伯爵(Comte Etienne de Beaumont)，他常常举办聚会，委约了萨蒂的芭蕾《水星》(*Mercure*)和米约的《沙拉》(*Salade*)。谷克多身边的其他有钱人也沉迷于音乐。卡萨·富埃特家族的伊冯女侯爵在巴黎音乐学院学习小提琴，并在1931年创立了一个新音乐团“小夜曲”(La Sérénade)。普朗克称这位女侯爵为“春天最甜美的燕子”。1921年2月的一天晚上，香榭丽舍喜剧院(Comédie des Champs-Elysées theatre)演出了六人团的音乐，埃提安·德·博蒙伯爵为他的朋友们预定了最好的位子，波斯国王花天价购买了一个他自己什么都看不到，但全场都能看到他的座位。六人团的名声渐渐传扬，被称作是只喜欢狂欢的无脑音乐家，而这个名声也跟着普朗克一直传到今日。1921年6月18日，芭蕾舞剧《埃菲尔铁塔上的婚礼》(*Les Mariés de la Tour Eiffel*)在香榭丽舍剧
42 院上演。瑞典芭蕾舞团团长罗夫·德·马雷(Rolf de Maré)请奥里克给他写一份乐谱，但奥里克缺乏灵感，就让作曲家朋友们

帮忙。《埃菲尔铁塔上的婚礼》想要以孩童般的诗意表现巴黎生活的方方面面，包括埃菲尔铁塔、报社摄影师、留声机以及骑自行车的人。路易·迪雷退出了这个项目，因为他不喜欢谷克多不尊重拉威尔。普朗克和塔耶费尔在最后一刻加入，匆忙完成了曲子。普朗克写了一个有一段懒洋洋的圆舞曲的波尔卡，名为《图维列的泡澡者》(*La Baigneuse de Trouville*)和一段喜剧性的《将军的演讲》(*Discours du général*)，后者为他悲惨的从军生涯报了仇。这是普朗克第一次尝试管弦乐写作。

《埃菲尔铁塔上的婚礼》充分展现了六人团成员各自不同的美学观。如今演出时，这部作品显得又长又乏味，尤其是谷克多的词。1923 年，普朗克说，除了奥里克的序曲，它整个“烂透了”。但是这部作品狂乱的气氛形象地表现了普朗克的生活——已经变成了一场聚会。晚上，他沉迷于一杯又一杯的鸡尾酒。有一天晚上他只穿睡裤表演了一支舞蹈，最后还把裤子脱了下来。路易·迪雷回忆道：“太美了，太美了！”谷克多也提到了同一场狂野派对：“普朗克全裸了，瓦伦汀(雨果)吓坏了，生怕他的女佣被冒犯到，而普朗克非常自在，就好像穿了一件修道袍。” 43

当这些派对都过去后，普朗克作为作曲家表现出了年轻人的不确定性，1921 年 1 月终于离开军队后，他强烈地想要在音乐上有出色的表现。他为马克斯·雅各布的诗写了四首歌，用他最爱的“节日集会组合”(声乐和长笛、单簧管、双簧管、大管和小号)配器，但他在 1922 年 1 月的演出后马上就把作品丢弃了。这些歌显得为了复杂而复杂，有着似乎不必要的节奏变化。在这些早期的歌曲中，普朗克可能是想模仿他所崇拜的斯特拉文斯基和勋伯格作品中的强大智性，而不是像他习惯的那样简单和直接。米约作为被题献者保留了这些歌的手稿，它们很快就被巴黎的萨拉伯出版社(Salabert Editions)出版了。普朗克还毁掉了一部同年为双簧管和钢琴而作的《西班牙随想曲》(*Caprice espagnol*)，还有一部写了数年的钢琴和乐队的大作品《军队进行曲》(*Marches militaires*)。他这种偏执的自我审查还影响到了跟谷克多合作的一部作品《被误会的警察》(*Le Gendarme incompris*)，1921 年演出时的宣传海报上写的是“批判喜剧”

(critique bouffe)。作品中,一个警察吟诵着马拉美的散文诗,配着普朗克粗莽的音乐。普朗克撕毁了乐谱,但后来发现了一份抄本,萨拉伯出版社在1988年出版了它。这份乐谱包括一首序曲、四首间奏曲和一首由声乐和室内乐团组成的终曲,乐队包括低音提琴、大提琴、小提琴、单簧管、小号、长号和鼓,和《帽章》中露天音乐的效果差不多。1921年7月在伦敦由厄内斯特·安塞美指挥的一场《被误会的警察》的演出遭到了倒彩:观众认为普朗克是他们看不上的斯特拉文斯基的学生。

《被误会的警察》的观众中有米西亚·塞尔特(Misia Sert),她是佳吉列夫最亲近的女性朋友,十分有影响力,也是俄罗斯芭
44 蕾舞团的星探。米西亚是画家皮埃尔·伯纳尔(Pierre Bonnard)和爱德华·维亚尔(Édouard Vuillard)心中的女神,她声称是她发掘了可可·香奈尔(Coco Chanel)。1919年,在维涅斯介绍了普朗克的天赋后,她邀请他去她在巴黎的沙龙。她认定普朗克是一个适合为佳吉列夫作曲的人才。很快佳吉列夫就直接联系了普朗克。

除了自我审查,普朗克还有既轻松又高产的创作名声。1921年,奥里克愤怒地说自己"不像普朗克和米约那样,过去什么时候的风格都能写"。六人团的成员对彼此的作品都很不留情面。当奥涅格的康塔塔《大卫王》(*Le Roi David*)1921年首演时,普朗克对它不屑一顾,称它"既德国鬼子,又瑞士,荒谬至极"。然而普朗克迅速在公众中获得成功,似乎看上去来得很轻松。1921年,他对比利时钢琴家和音乐学家保尔·科莱尔(Paul Collaer)说:"比利时评论家认为我'宜人,迷人',他们应该多看看外面的世界,一个人从来都不知道玫瑰的香气是由什么臭烘烘的化学元素配出来的。"这样的话可能说明普朗克更像海德先生而不是杰克博士①。普朗克明显希望像他心目中的大师萨蒂一样,在艺术领域有着颠覆者的形象。

谷克多铺张的社交活动让年轻的普朗克对自己的形象十分

---

① 该典故出自英国作家伯特·路易斯·史蒂文森的小说《化身博士》,小说中体面的杰克博士喝下药水后会展露出内心的黑暗邪恶面而变为海德先生。

在意。他也强烈地感到自己作为作曲家还需要学习很多。和他的偶像斯特拉文斯基相比，他缺乏音乐结构、发展和对位的牢固知识。普朗克在为马克斯·雅各布的四首诗所写的歌曲中显现的刻意而为的复杂可能对他来说是个危险的信号。自从前往巴黎音乐学院的路走不通后，普朗克遵照米约的建议，去找了作曲家查理·凯什兰(Charles Koechlin)，他是一位著名的对位法老师，配器技巧也受到广泛的尊敬。(1898 年时，加布里埃尔·福雷[Gabriel Fauré]曾请凯什兰为他的戏剧配乐《佩利亚斯与梅丽桑德》[*Pelléas et Mélisande*]配器。)凯什兰蓄着海神般的胡子，快活而贫穷，为人正派，但对学生比较宽容。普朗克的学习开头就不顺利——他在给大师的第一封信中把他的名字拼成了“Koecklin”。老师很快就意识到枯燥的对位练习不适合普朗克，于是他转而让这位年轻学生练习和声，每周根据巴赫的圣咏旋律写一些四部圣咏。这些作业在后来普朗克写作无伴奏合唱作 45
品时帮助了他。

学习的最初成果是一首吵闹的合唱《饮酒之歌》(*Chanson à boire*,1922)，歌词为一篇十七世纪的佚名作，以传统的主调合唱曲方式写成，充满了打嗝和呕吐声。这部作品是写给哈佛合唱俱乐部的一个成员的，普朗克在巴黎见过他。但最终在美国因为禁酒令而被禁止上演。《饮酒之歌》有十足的戏剧性，剧中声明“我再也不喝酒了，哇—哇—哇!”。多年后，普朗克承认他很喜爱这个早期的尝试。作品开始时“好像喝醉了的奥兰多·德·拉絮斯[Orlando de Lassus]，但在谈论我的时候可别看扁我”。尽管有着浑然天成的喜庆感，《饮酒之歌》却也符合法国弗莱芒乐派复调合唱的传统，有着清晰的整体声部织体和对歌词含义的重视。

普朗克也在继续为他的朋友玛赛尔·梅耶和维涅斯创作小型钢琴作品用以演出。1922 年，普朗克写了两首奏鸣曲，一首为单簧管和大管而作，一首为圆号、小号和长号而作，这两部作品标志着他回归最初的清晰、简单风格，离开了那些并没有什么成果的复杂尝试。为单簧管和巴松而作的奏鸣曲比 1918 年的《两支单簧管奏鸣曲》更有自信，反映出普朗克对两种乐器的差异和

在1922年8月前往萨尔茨堡参加国际室内乐音乐节的演出中，普朗克对安东·韦伯恩（1882—1945）产生了惊人的激情。这张照片是十年后的韦伯恩，他几乎从未激起听众的热情。

它们的合奏效果有了深刻的了解。这部作品更像是双向的独白而不是对话，就好像是争执的夫妻对同一件事情各执一词。作品分为三个乐章：一个带重音跳音的快板、一个甜美的行板浪漫曲、一首普朗克标记为“非常活跃”的终曲。在第二和第三乐章，单簧管主导旋律，表现浪漫氛围。而其典型的古典奏鸣曲乐章结构——快—慢—快——也回归了《两支单簧管奏鸣曲》中的写法。和《两支单簧管奏鸣曲》相反的是，为圆号、小号和长号而作的奏鸣曲更加外向，就像一首啤酒花园波尔卡。第一乐章“中庸的快板”标记了“优雅地”。小号以民歌风格主题领头，似乎预示了他后来的芭蕾舞剧《母鹿》（*Les Biches*）。在这个时期的很多作品中，普朗克追求着十八世纪的清晰，又有着马戏团乐队般的活力。第二乐章是“行板”，标记着“非常慢”，第三乐章回旋曲则是“活跃的”，有着优雅的简洁。普朗克后来说这部奏鸣曲颜色鲜明，就像劳尔·杜飞的油画。

46

《为单簧管和大管而作的奏鸣曲》和《为圆号、小号和长号而作的奏鸣曲》都写于普朗克开始跟凯什兰上作曲课的时期。这让人很自然地想到，这些1922年的作品和1918年的《两支单簧管奏鸣曲》相比，哪些进步是凯什兰带来的。实际上，普朗克主要还是个自学者。他自修了亨利·雷伯(Henri Reber)的和声教程和加布列尔·帕雷斯(Gabriel Parès)的木管教程。普朗克不仅仅从凯什兰那里获取建议，还会请教阿尔伯特·鲁塞尔(Albert Roussel)和娜迪亚·布朗热(Nadia Boulanger)。这样，他所得到的知识和影响就很多样化。

1922年，为了满足对新音乐的好奇心，普朗克、米约和玛雅·弗赫德一起去了维也纳，玛雅把他们介绍给了勋伯格。在阿尔玛·马勒(Alma Mahler)家里，他们见到了阿尔班·贝尔格(Alban Berg)和安东·韦伯恩(Anton Webern)，普朗克和勋伯格合了影。这两个人的合影让人难以置信，而且两个人看上去 *47* 都对对方的出现感到高兴，就好像是拼起来的照片似的。维也纳热情的欢迎说明这里音乐家很开明。

同年八月，普朗克在萨尔茨堡的一个国际室内音乐节上再次见到了韦伯恩，普朗克描述他为“精致敏感的男孩”，这可能是韦伯恩第一次也是最后一次被人如此描述。普朗克认为韦伯恩的弦乐四重奏“很讨人喜欢”，感觉他的音乐像挑剔的收藏家的藏品，像中国的漆盒，他也喜欢这个矮小男人的精致五官。普朗克认识到，韦伯恩有掌握一种音乐语言的能力，这正是韦伯恩的音乐让人信赖的原因，这种可靠的品质是最重要的。在这次访问中，他还有一些单纯的音乐方面的事务，比如他向萨尔茨堡的委员会抱怨说，他们忘记加入萨蒂、奥里克和普罗科菲耶夫的作品。他寄给米约一份音乐节中各作曲家作品的分数报告，从“+20”分到“−20”分，包括：理查·斯特劳斯(12)、米约(18)、约瑟夫·马克斯(Joseph Marx)(8)、亚瑟·布里斯(Arthur Bliss)(−11)、巴托克(18)、马利皮耶罗(Malipiero)(2)、普朗克(13)、斯特拉文斯基(14)、德彪西(10)、凯什兰(15)、格拉纳多斯(5)、法雅(16)、奥涅格(10)、尼尔森(Nielsen)(−4)、拉威尔(−11)、布索尼(Busoni)(−15)、席曼诺夫斯基(−2)(Szymanovsky)、韦伯恩(19)、欣德米特(Hindemith)(13)、埃塞尔·斯麦思(Ethel Smyth)(8)、柯达伊(14)(Kodály)等。最高分为韦伯恩，而最低分是一个叫威廉·格罗什的人(Wilhelm Grosz)(—20),普朗克描述后者的音乐会说:"糟糕、拥挤、可耻、韦伯恩的敌人。"

普朗克另外一趟旅行是和米约一起去南意大利,激发他创作了风格淡漠的钢琴作品《那不勒斯》(*Napoli*,1925),作品包含三个部分。尽管像克劳迪奥·阿劳(Claudio Arrau)和亚瑟·鲁宾斯坦(Artur Rubinstein)这样的钢琴家很喜欢它,但普朗克看不上这个作品。而他的这些旅行也很快因为他开始认真工作而停止了。为了回应米西亚·塞尔特的热情,1921年,佳吉列夫邀请普朗克写一部芭蕾,后来就成了《母鹿》。普朗克缓慢而有条不紊地创作着这部作品。他自我训练,挑战"芭蕾喜歌剧"的写作,就像拳击运动员准备一场冠军赛。他读了威尔第和罗西尼的歌剧谱,并被"伟大的作品"《弄臣》所震惊,尤其是吉尔达的咏叹调"可爱的名字"(Caro nome)。他研究了里姆斯基-科萨科夫(Rimsky-Korsakov)的配器教程,并跟凯什兰上了更多的课。与
48 此同时,他还在写一部弦乐四重奏,之后毁弃了它。他承认"讨厌"弦乐四重奏,但是想试试能不能作出一些不一样的东西。

《母鹿》一直是普朗克最出名的作品之一,部分是因为佳吉列夫和俄罗斯芭蕾舞团已经被捧成了神。普朗克没有阿波罗的相貌,自然也不会提起佳吉列夫的性兴趣。他陶醉于佳吉列夫和其"宫廷"里拜占庭式的八卦气氛中。当热尔梅娜·塔耶费尔爱上了著名的小提琴家雅克·蒂博(Jacques Thibaud)时,蒂博却跟一个女高音在热恋。普朗克无法停止八卦这些事情,八卦的时候他感觉特别舒服。

右图:谷克多用其他人涂鸦的方式作画,而他给普朗克的信件中也满是图画,作为一个诗人给一个作曲家扣人心弦、充满爱意的信息的补充。

佳吉列夫希望普朗克在六个月内完成《母鹿》,但是普朗克却不紧不慢,首演一直拖到1924年1月才在蒙特卡罗举行。普朗克享受着他作为年轻有为的作曲家被期待创造出奇迹的角色。到处都有各种乐趣。他给朋友们起古怪的绰号:达律斯·米约叫"胖达",评论家亨利·普律尼埃(Henri Pruniers)叫"普律尼通"(大李子),"普律普律"(李子李子)或者女性的"普律琳娜"。①

① "大李子"原文为Pruneton,与普律尼的名字Pruniers发音相似。

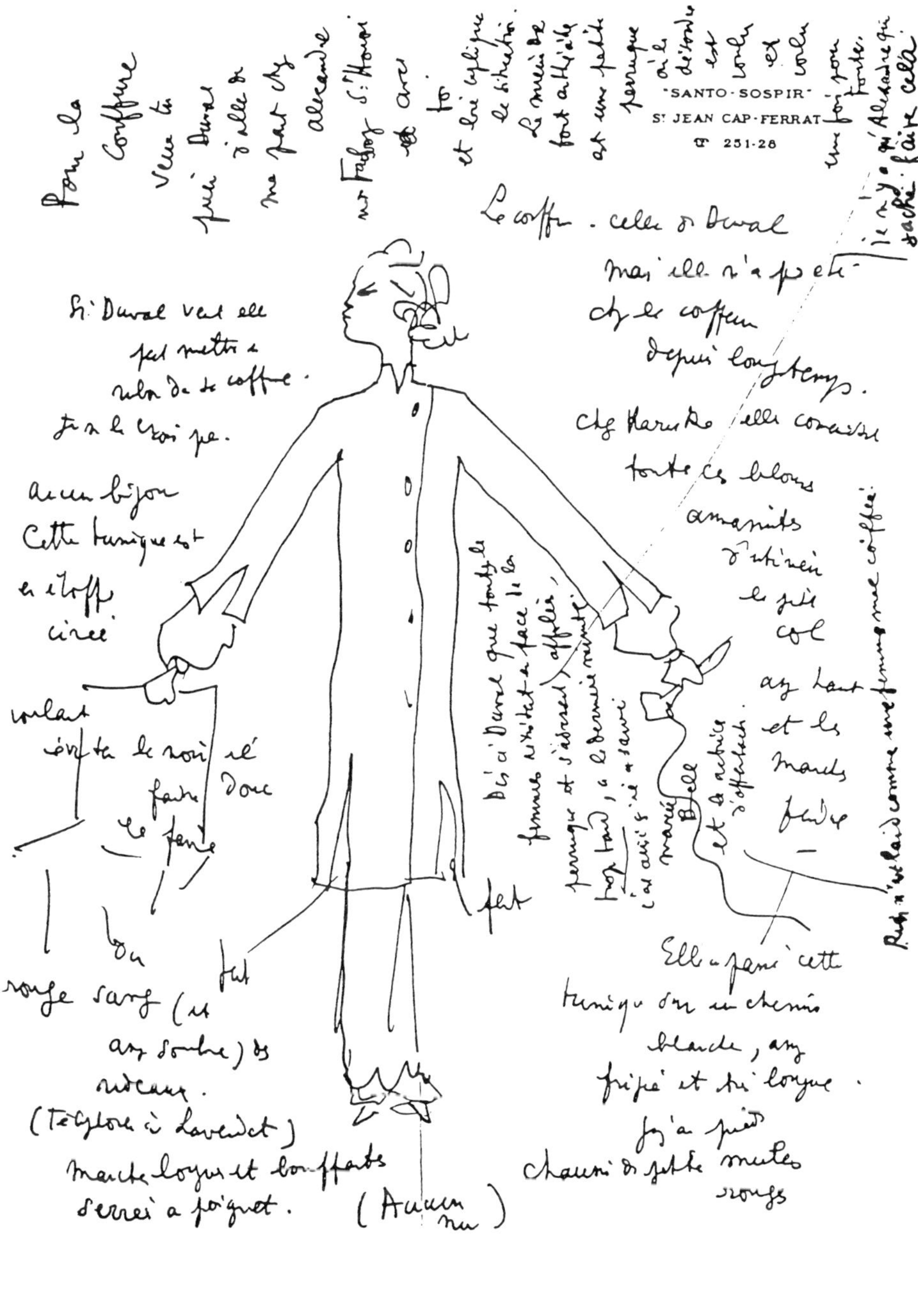
"SANTO-SOSPIR"
ST JEAN CAP-FERRAT
251-28

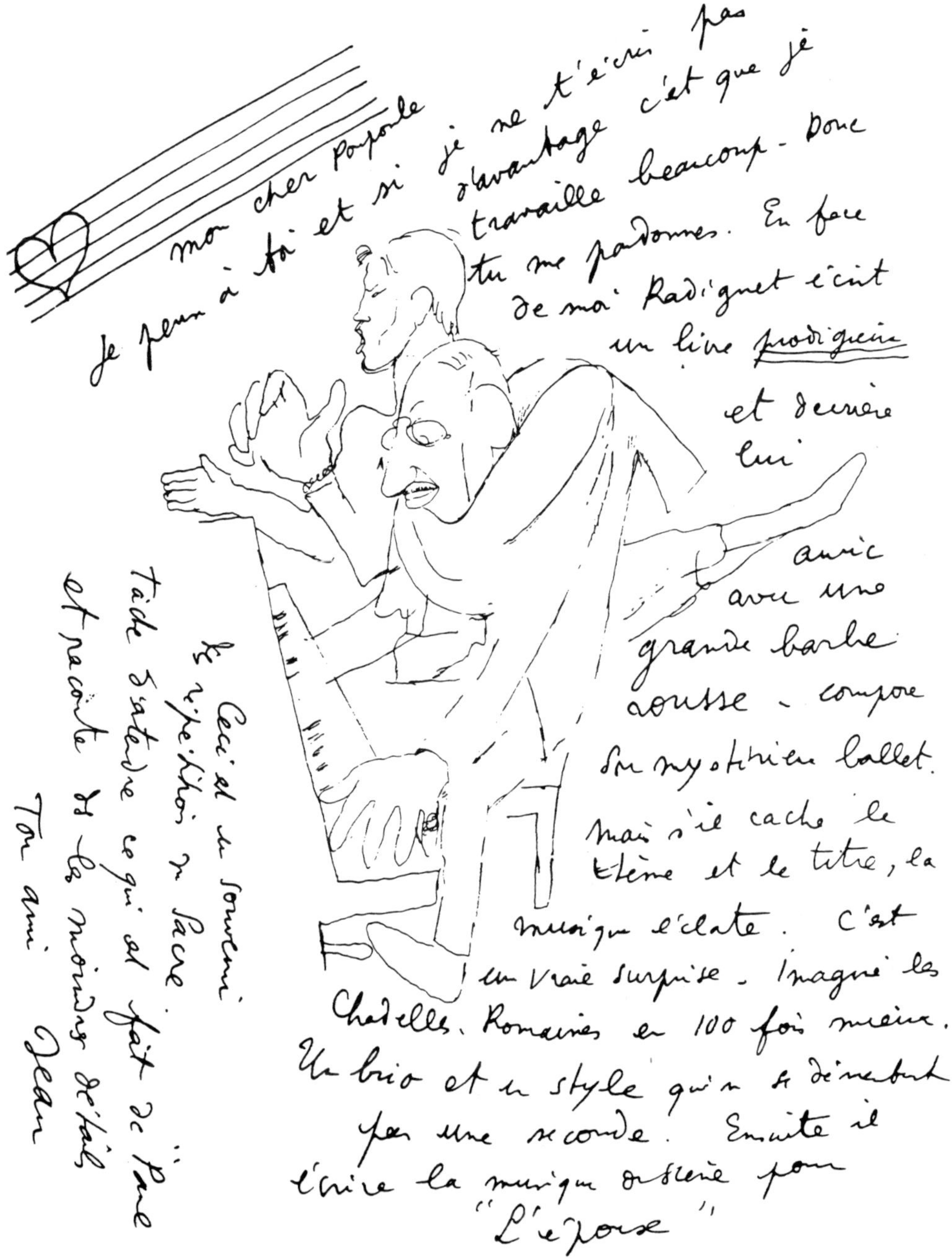

Mon cher Poupoule

je pense à toi et si je ne t'écris pas davantage c'est que je travaille beaucoup – Donc tu me pardonnes. En face de moi Radiguet écrit un livre prodigieux

et derrière lui

Auric avec une grande barbe rousse – compose son mystérieux ballet. Mais s'il cache le thème et le titre, la musique éclate. C'est une vraie surprise – Imagine les Chapelles Romaines en 100 fois mieux. Un brio et un style qui ne se démentent pas une seconde. Ensuite il écrira la musique de scène pour "L'épouse"

Ceci est le souvenir de l'expédition de Lacre. Tâche d'atteindre ce qui est fait de Pure et raconte les moindres détails

Ton ami

Jean

左图：谷克多于1922年七月写给普朗克"亲爱的普普勒"的图文并茂的信。涂鸦画的是斯特拉文斯基和尼金斯基在排练《春之祭》时一起演奏钢琴。

下图：在这张玛丽·洛朗桑给普朗克的芭蕾舞剧《母鹿》所作的服装设计图中，若隐若现的性意味显现得很清楚。

另外一个评论家伯纳·加沃蒂（Bernard Gavoty）被叫成女性的"加沃特"（La Gavotte）。普朗克自己在信件中签名的时候会写"普普勒"（Poupoule，"宝贝儿"之意）或者"普雷"（Poulet，"小鸡"之意）。普朗克的二十年代，随心所欲是他生活不可或缺的一部分。

一些普朗克的乐迷是被佳吉列夫的俄罗斯芭蕾舞团和其名声所吸引，还有一些人批评这部芭蕾不是普朗克最成功的作品。两种看法都很正确。《母鹿》是一部有着合唱间奏的舞蹈组曲，没有什么特定的内容。在舞台上，三个穿着划船服的健壮男人围着十六个可爱的年轻姑娘，向她们求爱。舞台上转瞬即逝的愉悦是这部作品令人心酸之处。而其中情感的高潮和十八世纪画家安托万·华托（Antoine Watteau）的最佳作品很相似，华托画作中纵欲者意识到时光流逝的场景深深打动了普朗克。《母鹿》的舞蹈音乐有着新古典主义的魅力，其中优雅的木管写作手法和古诺、柴科夫斯基的一样精致。实际上，普朗克优雅的小柔板中引用了柴科夫斯基《睡美人》的旋律。合唱间奏的灵感来自斯特拉文斯基的民俗作品，如《婚礼》（*Les Noces*）、《列纳狐》（*Renard*）、《普尔钦涅拉》（*Pulcinella*），然而没有那么有说服力。 51
普朗克是第一次尝试合唱和乐队的民歌风格，显得刻意又生搬

普朗克对洛朗桑给《母鹿》的设计充满亲切感。这是一个仙境，有着优雅的动物和年轻却善于挑逗的女人们。

两位伟大的英国舞蹈家阿丽莎·马尔科娃(Alicia Markova)和安东“帕特”·多林在国际上发展事业主要为演绎异域风格。他们参演了1930年在伦敦上演的《母鹿》,在英文中标题改为《房中派对》。左图为排练中的照片,右图为演出中。

硬套,但他很快就有了进步。(米约的芭蕾舞剧《沙拉》和《人类和他的欲望》[*L'Homme et son désir*]也受到了斯特拉文斯基合唱间奏的启发。)

如今,最常听到的《母鹿》是管弦乐组曲的形式。原曲有九个乐章,普朗克删去了前奏曲和三个合唱乐章,剩下了回旋曲、小柔板、拉格-玛祖卡、小行板和终曲。这些标题只是一个提示,并不是音乐内容的精确描述。《母鹿》中的回旋曲并不是通常意义上的回旋曲(回旋曲通常指的是同一段内容会在作品中不断重复)。拉格-玛祖卡也不是肖邦传统意义上的玛祖卡。普朗克的玛祖卡更像西西里式的塔兰泰拉,“拉格”的部分节奏是受到斯特拉文斯基的《拉格泰姆》(*Ragtime*)的启发。普朗克像他经

常做的那样，不断地回去修改《母鹿》的配器，直到 1940 年他才放手，这部芭蕾舞剧和组曲有了最终形态。亨利·索盖说《母鹿》是“更显示了乐器的性质的而不是配器化的”，也就是说各乐器以独立的声部来演奏，而不是组合成一个整体的声音。

54 普朗克的作品受到谁的影响并不清晰。斯特拉文斯基作为普朗克通常的灵感来源，他也承认自己受到柴科夫斯基和古诺的影响。所以，是古诺和柴科夫斯基直接影响了普朗克本人，还是普朗克间接受到斯特拉文斯基作品的影响？这样的问题会使我们无法再专心享受一部以享乐为原则创作出来的作品。影响普朗克的不光是其他作曲家的旋律，还有节奏。在写作的时候，普朗克会花好几个小时在钢琴上敲出不同的歌剧片段，从韦伯的《自由射手》到莫扎特的《唐·乔万尼》。他会从中找寻节奏，然后根据需要修改旋律。有一个例子是《母鹿》中的“游戏”(Jeu)段落，乐队演奏奥芬巴赫的《巴黎人的生活》(*La Vie parisienne*)中的咏叹调“我是巴西人，我有黄金”(Je suis brésilien, j'ai de l'or)的变奏。另外，《母鹿》的拉格-玛祖卡乐章中有一段节奏和比才《卡门》中的喜剧五重奏相同。

56 尽管有这些引用和受启发的内容，或者说就是因为这些内容，《母鹿》让人觉得新鲜而又有魅力。即使小柔板的段落最初是柴科夫斯基写的，但它还是完美地契合普朗克的作品，并且也有普朗克最好的旋律中那种满溢的抒情性。对普朗克来说，《母鹿》是一个艺术性的整体，有玛丽·洛朗桑淡雅而女性化的舞台设计，还有尼金斯基的妹妹布朗尼斯拉瓦·尼金斯卡(Bronislava Nijinska)设计的羞涩舞蹈。芭蕾中除了普通的男女恋爱气氛外，还有一段隐蔽的女同性恋场景。评论家鲍里斯·德·施洛泽(Boris de Schloezer)说这部作品有着“非常私人化的气质……它的优雅、天真和轻微的任性，它敏感而又肉欲的冲动……是普朗克特有的”。

《母鹿》的成功终结了普朗克和萨蒂的友谊。对《母鹿》和奥里克的芭蕾《讨厌鬼》(*Les Fâcheux*)最热情的评论家是路易·拉卢瓦(Louis Laloy)。这位评论家和萨蒂交恶，因为萨蒂和晚年的德彪西关系恶化，而拉卢瓦是德彪西的好朋友。萨蒂因为这些年轻作曲家受到拉卢瓦的赞赏而把他们痛骂了一顿，一怒之下离开蒙特卡罗，坐火车一路站回了巴黎。从那开始，他在文章中说普朗克和奥里克的芭蕾是“音乐柠檬汁”。作为回应，他们俩给萨蒂寄了一个会发声的玩偶，是普朗克在一个玩具店里面找到的。玩偶有着白色大胡子，很像萨蒂。萨蒂气坏了，以至于到临死前都拒绝见普朗克或者奥里克。“再见他们有什么用?”这位快死的人说，“德彪西死的时候我可没再见他。”

普朗克和曼努埃尔·德·法雅之间的友好关系补偿了他和萨蒂的决裂。他最初是1918年在维涅斯的家里见到了法雅，他很崇拜这位西班牙人强烈的信仰：“法雅就是字面意义上的神秘主义者……就像一块水晶。”普朗克曾打算把自己为双簧管和钢

曼努埃尔·德·法雅(1876—1946)，该照片摄于1926年。普朗克十分崇拜他。但这位秉持禁欲主义的西班牙人因为宗教上的自我折磨和偏头痛，在普朗克打算去西班牙访问他时拒绝了他。

琴而作的《西班牙随想曲》题献给法雅，但之后他毁弃了这部作品。不过最终普朗克总算完成了一部为钢琴、双簧管和大管的而作的三重奏，在 1926 年出版时题献给了法雅，“为了证明我衷心的敬仰”。

普朗克既可以对自己的偶像有着无限的崇敬，也可以对其他人有毫不克制的蔑视。在他的信件中有粗暴的反犹内容，指
57 向一位竞争对手——马克西姆·雅各布（这位不是普朗克的诗人朋友马克斯·雅克布），普朗克称他是“一个毫无才华的、只会抄袭的犹太人”。一段时间后，他称音乐出版商艾斯齐格（Eschig）为“罗马大道来的犹太人”。之后普朗克承认他从来不是个“犹太人爱好者”，但他和犹太艺术家——例如米约——的稳定关系一般能控制住这样的想法。普朗克从未将他极少的反犹言论付诸行动，不像其他的法国作曲家。普朗克尊敬的老师维涅斯在二十世纪初的德雷福斯事件中强烈反对德雷福斯的支持者[①]，要不是普朗克和维涅斯都很讨厌樊尚·丹弟的话（一个强烈的反犹主义者，并且在德雷福斯事件中坚决支持政府），普朗克说不定可能会认同维涅斯的想法。

58 1923 年这些令人不快的言论显示出《母鹿》完成后他所经历的一段压力期。谷克多的情人——二十岁的小说家雷蒙·拉迪盖死于伤寒，让人震惊，又加重了这种压力。当普朗克在准备《母鹿》的首演时，一封惊人的电报送到了蒙特卡罗那里：“拉迪盖昨夜死了。可怜的谷克多状态吓人。达律斯。”普朗克无法离开排练参加葬礼，他说：“有整整两天我什么事都做不了，我惊呆了。”然而两周后，他已经在和佳吉列夫开一个叫科斯科夫的男芭蕾演员的玩笑，说：“他的屁股可还热着呢。我早上才帮他做了个单足旋转。”

在这个时候，普朗克仍有很强的适应力，在艺术上也很满足。死亡的威胁还很遥远。

---

① 德雷福斯事件为十九世纪末法国军队中的一个冤案，犹太裔军官德雷福斯在没有足够证据的情况下被判叛国罪，后查出真凶，在二十世纪初被平反。

3

转型 1925—1935

普朗克和他的羽管键琴演奏家朋友万达·兰多芙斯卡在一起演奏钢琴。她委约普朗克创作《乡村协奏曲》，并支持他和画家理查·尚莱赫的同性恋关系。

如果此处我不谈到属于玛丽-洛尔·德·诺艾耶(Marie-Laure de Noailles)的家，也就是我创作《晨曲》(*Aubade*)的地方，那是完全不公平的。我在那里还无数次地为奥里克、雅克·费弗利埃演奏新作，最近还为毕加索和保尔·艾吕雅演奏《人像》(*Figure humaine*)。因为玛丽-洛尔具有非凡的绘画知识，对我来说，只有她在美国广场的公寓象征着绘画——上帝知道我热爱绘画，而玛丽-布朗什·德·波利尼亚克(Marie-Blanche de Polignac)在巴尔贝-德-如意街上的家对我来说是音乐之家。她们中的一个人——玛丽-洛尔——跟我谈到安东奈罗·达·梅西纳(Antonello da Messina)时就像谈论一个老朋友；另一位——玛丽-布朗什·德·波利尼亚克——谈论蒙特威尔第时就像谈论一个在世的音乐家。

——弗朗西斯·普朗克
《我的旋律日记》
(*Moi et mes amis*)

转型 1925—1935

1924年,《音乐期刊》(*La Révue musicale*)杂志委约了八位杰出的作曲家为十六世纪诗人皮埃尔·德·龙萨(Pierre de Ronsard)的诗作配写歌曲。这八位作曲家里没有普朗克,却有他看不上的前辈,比如拉威尔、保尔·杜卡斯(Paul Dukas)、莫里斯·德拉热(Maurice Delage)和安德烈·卡普雷(André Caplet),还有那些他觉得音乐写得不怎么样的同辈人:阿尔蒂尔·奥涅格和罗兰-马努埃尔(Roland Manuel)。为了表达对自己被排除在外的不满,普朗克根据龙萨的诗创作了五部作品。他爱说这套作品中他最喜欢的是毕加索画的封面,他催着画家赶在印刷期限前再画一幅吉他的画。在这期间,他往毕加索的耳朵里面灌着他讨厌的艺术家的坏话,比如关于乔治·布拉克(Georges Braque)的。他还传播了佳吉列夫的八卦,跟毕加索说他帮佳吉列夫找到了一个年轻的西班牙作曲家,大概是萨尔瓦多·巴卡利斯(Salvador Bacarisse):"很有天分,二十五岁,而且身材很好。你可以想象佳吉列夫有多高兴。"

普朗克的《龙萨的五首诗》分别为《归于》(*Attributs*)、《陵墓》(*Le Tombeau*)、《芭蕾》(*Ballet*)、《我什么都不是,只是骸骨》(*Je n'ai plus que les os'*)、《致我的仆人》(*à son page*)。音乐开头轻快,乐队版本中有狂野的单簧管部分,但逐渐变得只是为了复杂而复杂,装饰过度。衰老和死亡作为龙萨诗作中的重要主题,还不是当时的普朗克能够应对的。《陵墓》超出了普朗克的表达能力,因为这要求他直面死亡的主题,普朗克写出了瓦格纳的风格,十分罕见,他甚至从瓦格纳《众神的黄昏》里引用了一段像齐格弗里德葬礼进行曲似的铜管旋律。另外一首《我什么都不是,只是骸骨》用下沉到很低的音来表现坟墓,这是一种陈旧的音乐描绘法。

普朗克的这套作品很受欢迎，尤其是其中的挽歌《我什么都不是，只是骸骨》。古老的主题赋予了作品古典的气质，但是普 61
朗克认为这些歌曲没有表现出他的个人风格，任何其他作曲家都能够写出来。好友奥里克也同意这个意见，建议他还是根据当代诗人的作品来创作，比如阿波利奈尔、艾吕雅和马克斯·雅各布。

尽管如此，普朗克在他的下一部作品中还是保留了这种古风。在《逸乐之歌》(*Chansons gaillardes*)中，普朗克想证明轻浮的内容也可以在优美的歌里展现。这套歌曲的歌词为十七世纪的匿名诗作，讲述了酒、女人和更多的酒。对一个二十世纪二十年代的有教养的作曲家来说，在诸如圣·西蒙描述路易十四的情妇和他哥哥的同性恋的文字中，盛大世纪①的法国提供了性开放的通行证。《逸乐之歌》的八首歌曲为《轻佻的情妇》(*La Malrresse volage*)、《酗酒歌》(*Chanson à boire*)、《牧歌》(*Madrigal*)、《向命运的祈求》(*Invocation aux Parques*)、《酒神的诗句》(*Couplets bachiques*)、《祭品》(*L'Offrande*)、《漂亮的年轻人》(*La Belle Jeunesse*)和《小夜曲》(*Sérénade*)。普朗克合适地用巴洛克形式来表现这些文字：套曲包括一首萨拉班德(《酗酒歌》)、一首西西里舞曲(《小夜曲》)和一组托卡塔(《轻佻的情妇》《牧歌》和《漂亮的年轻人》)。

《漂亮的年轻人》可以看作是整套《逸乐之歌》的代表，表现出一种抒情和对爱情温柔的理解。下流吗？并没有，因为处理得如此精致，有魅力，是真正的艺术——这是普朗克发出的信息。皮埃尔·博纳克出色而敏感的演唱帮助他传达了出来。这些歌曲自身包含了具有戏剧性的角色的反思，就像是迷你的歌剧咏叹调。他们表现了对妻子不忠的愤怒，或者想要出轨的决
2 心。《向命运的祈求》给予歌手一个机会，让他能够表现得特别高贵。幸运的是，在 1926 年 5 月巴黎首演时的歌唱家就是高贵、年轻的男中音皮埃尔·博纳克，他以极高的水准表达了深厚

① Grand Siècle，指法国的十七世纪。

的情感。

此时的普朗克源源不断地创作着优秀的作品，但他的效率也伴随着很大的精神压力。1925 年 9 月时，他对斯特拉文斯基说他从这位俄罗斯人的作品中感受到了完美的品位，但是却不知如何运用，因为他没有他“巨人般的肌肉”。在参加完斯特拉文斯基《俄狄浦斯王》(*Oedipus Rex*)的排练后，他发烧了，嗓子也痛。在病痛和自卑情绪中，写了《咏歌》(*Airs chantés*)，包含四首歌曲，歌词作者是一个他不喜欢的诗人让·莫雷亚斯(Jean Moréas)。由于莫雷亚斯是普朗克出版商弗朗索瓦·埃普(François Hepp)的最爱，他同意为这些诗写作歌曲，自己则决定“要尽可能地冒犯这些诗”。莫雷亚斯是德彪西的好友，曾和他在文艺咖啡馆讨论歌德的《浮士德》。普朗克看重德彪西生平中的每一个细节，但是这样的关系对他来说不足以写一部大作品。即使是由苏珊·佩尼欧来演唱，《咏歌》听上去也只像是讨好人的格鲁克风格的拼贴。

普朗克在有意尝试新古典主义的理想，在心中思考着斯特拉文斯基和德彪西的例子。德彪西最后的一些奏鸣曲尝试重现库普兰《御用音乐会曲》(*Concerts royaux*)中的法国古典主义。在普朗克 1926 年首演的钢琴、双簧管和大管三重奏中，他也试图表现优雅的对称性，并写了一段法国巴洛克风格的序奏。这 6
部作品由传统的三个乐章构成：急板、行板和回旋曲。为了试图展现他对曲式的兴趣，普朗克特意解释说第一乐章遵循了海顿的快板曲式，[1]最后一个乐章遵循了圣-桑《第二钢琴协奏曲》中谐谑曲乐章的曲式。[2]

然而他对巴洛克传统总有些轻微的反讽态度，这部三重奏的开头就好像三个打牌的人在垂头丧气地互诉不幸(普朗克特别喜欢打桥牌)。管乐演奏了一段丧葬军乐的变奏——哀悼阵亡将士的号角旋律——而钢琴圆润的和弦是未来艾灵顿公爵的

---

① 这里“海顿的快板曲式”应指海顿在其交响乐的第一乐章中较常使用的奏鸣曲式，以一段慢的引子开头，后面跟随呈示部，发展部和再现部。

② 谐谑曲是圣-桑《第二钢琴协奏曲》的第二乐章，同样也是回旋曲式。

爵士风格。然后三个乐器突然开始了短促活跃的乐段，对话的风格还在继续，即便是在双簧管奏着悦耳抒情的乐句而钢琴却自顾自地飞溅着下行和弦的时候。这首三重奏作为普朗克最早的成熟作品之一，表现了他创作的典型优点：平衡、协调、抒情、幽默、简洁和清晰。他对管乐的偏爱闪耀在每一个小节，而每当钢琴主导时，大管和双簧管也从来都不是简单的伴奏乐器。

在艺术上开始达到大师水准时，普朗克还不得不解决一个私人生活中的问题，那就是性向认定。当普朗克接近三十岁时，圈子里的社会压力也凸显出来。社交圈画家雅克-艾米利·布朗什（Jacques-Émile Blanche）开始传播流言说普朗克想要娶一个萨克斯顿贵族的女儿，这位贵族是伦敦的皇家学院的院长，也是佳吉列夫的朋友。普朗克也因此开始试图打造他跟童年朋友雷蒙·里诺西埃之间的关系：他们从未有肉体关系，但是普朗克似乎也有个模糊的想法，想要有段舒适的形式婚姻，一个“开放”的关系。1927 年，普朗克在都兰的乡下努瓦宰（Noizay）买了一栋别墅，并开始修复房子。一年后他向雷蒙求婚，不是直接求婚，而是在给她姐姐爱丽丝的信中提及。现存的雷蒙给普朗克的信中可以看出她不是一个好欺负的人，而是一个伶牙俐齿的律师——她为了博物馆的工作而放弃了法律工作。从她的照片可以看出她有着很男性化的脸和突出的下巴，普朗克可能以为，如果他娶了这个男人一样的女性，他的性向就可以稳定了。他让雷蒙做自己人生和音乐的审查官，尽管她并没有受过专业的音乐训练。婚姻对普朗克来说既是一件私事也是一个事业上的举措，因为他觉得雷蒙会对他的作品有很大帮助。

雷蒙对同性恋的鄙视在她给普朗克的信中表现得很清楚，信中提到在阿尔克伊为萨蒂举行的葬礼上“前来的都是些时髦、懒散、男同性恋的人群”。她可能感觉到了普朗克的不对劲，觉得自己的建议能够影响他。普朗克对雷蒙没有性兴趣，他对她姐姐爱丽丝说，结婚之后，他打算马上就去美国，而雷蒙如果想去日本也可以随便去，因为雷蒙在吉梅博物馆当馆长的时候和 65

64 1930年，普朗克在他努瓦宰的家中（位于法国都兰地区）拍下这张照片时，已经决定他的人生将要献给红酒、美男和歌。当然不一定是要按照这个顺序。

一个日本男人有些暧昧关系。

雷蒙拒绝普朗克的求婚后，普朗克被迫意识到自己理想的家庭安排是不可能实现了。一个挑剔的、对艺术的看法总是正确的妻子，还要能照顾他的日常起居，不允许他和男人发生关系——这样的人也许不会再出现，把他从人生的危险中拯救出来了。普朗克感觉遭到了遗弃，认识到了自己的性向为自己铺设的命运。他得了神经抑郁，与此同时又刚好爱上了理查·尚莱赫（Richard Chanlaire）——一个他在二十年代中期遇到的年轻画家。尚莱赫在位于大奥古斯汀码头的工作室画着围巾的屏风。这是普朗克第一次伟大的爱（然而他俩“仅仅是深厚的友情”）。正是他陪着普朗克到巴黎城外的圣勒

维娜瑞塔·辛格（埃德蒙·德·波利尼亚克王妃）是著名的艺术赞助商和沙龙主人。上图为她于1904年时扮演复仇女神的舞台塑像造型[①]。二十多年后她向普朗克委约了两部作品。

拉福雷（Saint-Leu-la-Forêt）拜访了万达·兰多芙斯卡（Wanda Landowska）。

普朗克于1923年在维娜瑞塔·辛格（Winnaretta Singer，即埃德蒙·德·波利尼亚克王妃）的沙龙里见过兰多芙斯卡。维娜瑞塔·辛格是她所在时期最重要的音乐赞助人之一，曾委约了斯特拉文斯基的《列纳狐》和萨蒂的《苏格拉底》。她是个不折不扣的女同性恋，年老后长得像乔治·华盛顿。她是辛格缝纫机公司的继承人，嫁给了也是同性恋的埃德蒙·德·波利尼亚克王子（Prince Edmond de Polignac）。可能是他们的家庭让普朗克有了跟雷蒙缔结形式婚姻的念头。在波利尼亚克的沙龙，兰多芙斯卡演奏了法雅的《彼得罗先生的木偶戏》中的羽管键琴部分，这场演奏帮助羽管键琴在多年的沉寂后复兴，变成了一件现代乐器。现代羽管键琴的复兴主要归功于法国人路易·迪埃梅（Louis Diémer）和之后的阿诺德·多梅什（Arnold Dolmetsch），但是兰多芙斯卡的沉着而超凡的技艺和热情的个性也起了决定性的作用。她以暴风骤雨般的热情演奏巴赫、拉莫、亨德尔和莫扎特的作品，让普朗克如痴如醉，他研究了她于1923年和1926年录制的唱片。

性格奔放的兰多芙斯卡请普朗克为她写一部协奏曲。1926年，在圣勒拉福雷见过她后，普朗克才有了一些想法，之后写成了《乡村协奏曲》（*Concert champêtre*）。和法雅朴素的协奏曲不同，普朗克的作品是向兰多芙斯卡致敬——她用充满活力的方式复兴了旧音乐。多亏了她，普朗克才认识到羽管键琴能表现
68 出世俗之乐，而不仅仅是一件过时的乐器。兰多芙斯卡坚持要求普朗克一次次去找她，一个音一个音地检查作品，两人修订了很多羽管键琴声部和配器方面的内容。

普朗克很享受兰多芙斯卡充满活力的性格，而且他也不可能找到比她更善良的教母来过问他和尚莱赫之间的关系。但是她在音乐方面十分铁腕，不停催促着普朗克完成第一部协奏曲：

---

① 舞台塑像造型（Tableaux Vivants），由演员或模特在舞台上扮演一个特定角色，但不会移动或说话。

兰多芙斯卡年老时的演奏仍然精彩而有活力，她在八十岁逝世时让普朗克极为震惊。他感到过早地失去了一位伟大的朋友和无可替代的导师。

"我的天！我的天！我怎么办？你为什么完成得这么晚？"之后，普朗克在努瓦宰就有了个新节目来娱乐宾客。他打扮成兰多芙斯卡的样子突然出现在人群中，穿着"显眼"的鞋子，戴着假发并拿着其他道具，模仿兰多芙斯卡的口音。

在尚莱赫的陪伴和激励下，普朗克很快就完成了《乡村协奏曲》。他给尚莱赫寄了一份完成的谱子，写道：

> "你改变了我的人生，你是我三十年生活中的阳光，是我活下去和工作下去的动力……希望这部协奏曲一直能够让你想起圣勒拉福雷那些甜美的夜晚、睿智而善良的万达、在普雷耶音乐厅的乐队排练，总而言之就是我们令人向往的温情的真正来源。"

和雷蒙生活的计划失败，又找到了尚莱赫，这些事搅动着普朗克，也给他带来负面影响。他对朋友说生活把他击垮到他认不清自己身份的程度。普朗克彻底"出柜"，把他对尚莱赫的恋情告诉了朋友们。他不得不根据新的情势迅速重整自己的朋友圈，也经历了痛苦的失望。普朗克在蒙特卡罗时就从佳吉列夫的剧团那里充分了解了同性恋，但直到现在他才不得不接受公开同性恋身份的意义。

尽管有这些汹涌的冲突，《乡村协奏曲》仍然是部欢快的作品，并且始终是普朗克最受欢迎的作品之一。他也为这首协奏曲写了钢琴版本，普朗克自己在音乐会中演过，现在从未有人演奏。演奏这部作品的庞大的室内乐团有二十八位弦乐演奏员，远远比法雅的羽管键琴协奏曲或者《彼得罗先生的木偶戏》(*El retablo*)所需的演奏员要多。为了让独奏乐器能够被听到，应当使用钢琴制造家普雷耶特制的"兰多芙斯卡"版羽管键琴。这个羽管键琴更接近钢琴或强弱钢琴(fortepiano)，而不是历史上实际的羽管键琴。

《乡村协奏曲》有三个乐章：很快的快板、行板、终曲(急板)。这部作品中乐队部分和羽管键琴独奏交替出现，在兰多芙斯卡的手上从来都不会显得缺乏动力。若被演奏者的能量所激发，

第一乐章中有主题让人想到一支军队，接着是捕猎行动。俄罗斯式抒情横扫这个乐章，配以铜管乐器轻快地舞蹈着。而较为安静的部分要求羽管键琴要像在竖琴上拨弦一样。这一点点的东方风格的效果被愉悦、快速、节奏感强烈的段落打断，后者是这部作品的基础。第二乐章里，羽管键琴是协奏曲中的主奏角色（也就是一个主要独奏乐器在乐队伴奏之上突显出来），普朗克的写法并不适合这个乐器，因为这里要求绵长的连音，而只有钢琴能做到这一点；羽管键琴弹奏出来的只会是断开的声音。第二乐章末尾的“狩猎”号声是向德国浪漫主义致敬，就像在普朗克热爱的韦伯的音乐中。羽管键琴在这一段中部的出现是典型的普朗克喜欢的做法：把截然不同的音乐元素放在一起对比。最后一个乐章标示着“非常愉快”（très gai），但实际上整部作品都可以这么描述。兰多芙斯卡理解了这一点，她说自己“极爱”《乡间协奏曲》，因为演奏这部作品让她觉得“无忧无虑又开心”！普朗克的音乐让好友万达能够以和以往不同的形象表现自己，正如普朗克喜欢假扮兰多芙斯卡来娱乐朋友一样。在《乡村协奏曲》中，独奏家可以穿上不同国家和民族——斯拉夫、德国、法国——的服装然后又迅速地脱下它们。普朗克对多种文化的来者不拒造成了这样一种多元主义的风格。

普朗克认为同时期的另一部作品也“只属于”理查·尚莱赫。这部作品是芭蕾《晨曲》，为钢琴和一个十八件乐器组成的小乐队而作，由他的朋友玛丽-洛尔·诺艾耶和夏尔·德·诺艾耶委约，在他们位于巴黎十六区美国广场的家首演。《晨曲》分为八个乐章：托卡塔、宣叙调、回旋曲、急板、宣叙调、行板、猛烈的快板和结尾（柔板）。《晨曲》通常被视作钢琴协奏曲，但是其混合的结构无法有力地给人以具有严格协奏曲曲式的印象。实际上，在曲式上，它更接近具有拉莫歌剧芭蕾中的分段性插曲的“华丽”（galant style）风格[1]。

尽管《晨曲》的音乐结构看上去似乎比较随意，但实际上普

① 歌剧芭蕾（Opéra-ballet）是一种法国巴洛克时期戏剧风格，特点为每一幕之间的剧情相对独立，但相互间由一个统一的主题串连起来。

朗克花了很大精力思考如何将不同的主题搭配在一起。主题的来源有斯特拉文斯基的《春之祭》《彼得鲁什卡》，还有莫扎特的钢琴音乐。普朗克还加上了他之前写的一些小型钢琴作品的旋律，有《三首小品》中的《小夜曲》，还有《夜曲第一首》(*Première*
71 *Nocturne*)。这两条旋律在整部《晨曲》中反复出现，把整部作品中不同的线索串了起来，创造出一定的整体感。《晨曲》中打击乐式的、充满节奏感的风格追随着斯特拉文斯基式的理念，而当音乐唤起宁静的抒情时，则是以莫扎特的作品为模板。这部芭蕾包括了嘹亮的管乐吹奏和优雅的十八世纪回旋曲，在作品最抒情的地方，钢琴只做伴奏，老老实实地弹敲着李斯特式的炫技段落。

《晨曲》最初的欣赏者惊讶地发现这部作品能让人流泪，而不仅仅是迷人。作曲家描述这部作品为“两栖的”，由舞台上的女舞者和乐池里的钢琴家——普朗克本人——共同担任主角。《晨曲》讲述了希腊神话中的狩猎女神狄安娜“燃烧着爱情，这爱情毁灭了她的纯洁”。她在拂晓的枫丹白露的森林中醒来，女友们为她装扮。她被罚必须保持贞洁，在为不洁的爱情而绝望的时候，她跳起了一曲变奏(舞蹈)，将她朋友送给她的一把弓紧紧抱在胸前，却又突然扔下弓逃进了森林。普朗克说，这一系列的画面是由枫丹白露学派[①]的绘画带来的灵感。

这位通常对自己很苛刻的作曲家可能因为作品的非音乐关联而高估了它：普朗克和狄安娜一样，经受着一段“不洁”的爱情带来的恐慌。狄安娜被罚永远保持贞洁，却打破了束缚；而普朗克通往正常生活的道路却突然偏向了和尚莱赫的恋情，尽管从中得到了快乐，他却认为这段感情是“不洁”的。性爱和不洁对普朗克来说始终是同义词。就像狄安娜，普朗克消失在无法确定的未来的密林中。就在《晨曲》于 1929 年 12 月在巴黎首演前，他对厄内斯特·安塞美说，这部作品从某种意义上来说是个

① 法国文艺复兴晚期的一个绘画派别。

音乐赞助商和沙龙主人玛丽·劳丽·德·诺瓦利斯(1902—1970)在图中和伊戈尔·斯特拉文斯基在一起,旁边有大提琴独奏表演。玛丽·劳丽和伊果尔有过短暂的恋情,普朗克很爱向朋友们八卦这些事。

悲剧。作品不祥的气氛并没有被展现出来,就好像普朗克在悲情而诚挚地诉说自己的情况时,失去了方向。

巴黎首演的编舞者乔治·巴兰钦没有采用普朗克设定的剧情,而是加入了一个帅气、肌肉发达的男演员来扮演阿克泰翁,他和狄安娜跳双人舞。作曲家愤怒地说,他的《晨曲》是一部全女性的芭蕾,根本不该有男性出场,但最终还是巴兰钦说了算。

就在普朗克好像要度过自己的危机,准备开始创作新作品的

让-米歇尔·弗兰克（Jean-Michel Frank）为普朗克的《晨曲》(1928)所作的舞台设计。他最为人知的身份是室内设计师。他重新修缮了玛丽·劳丽·德·诺瓦利斯在巴黎位于美国区的房子。

右图：马克斯・雅各布（1876—1944），一位疯狂幽默的诗人，柔弱的浪漫主义画家，大屠杀的烈士。他给普朗克失控的私生活提供了一个范本。

时候，雷蒙・里诺西埃却在1930年1月30日因肠闭锁而突然去世。普朗克请求雷蒙的姐姐把《母鹿》的手稿放在她手中，和她葬在一起，因为这部作品“属于她”。雷蒙的姐姐照做了，普朗克补充说：“我全部的青春都和她一起离去了，我生命中的那一部分只属于她。我想着蒙特卡罗，哭了。我现在老了二十岁。”雷蒙是他珍惜的朋友，是他在道德和音乐方面的向导。他从未从失去她的悲痛中恢复过来。他旅行时会带着她的照片，把它放在床头，随身携带她的烟盒作为护身符。许多年以后，他会在各种重要的纪念日上或者在谈到他的早期作品时提起雷蒙。尽管他有和不同男女之间更亲密的关系来代替雷蒙的肉身存在，但是他再也没有找到一个令他如此崇敬的人做他的伴侣。他把她的立场和观点牢记在心，甚至是那些关于同性恋的部分，虽然这并不总能改变他的行为。

在她的追忆仪式上，普朗克根据马莱布的诗写了一首庄严高贵的歌曲《墓志铭》（*Epitaphe*）。普朗克在写作时想象着路易十三时期的建筑，让脑海中的画面对旋律线造型起作用。从此以后，“死亡”成为作曲家在生活和创作中迷恋的主题。他的悼念之情呈现在一部新作品中，这是他最出色的作品之一——《假面舞会》（*Le Bal masqué*）。这部“世俗康塔塔”的歌词选自马克斯・雅各布的诗集《中心实验室》，主题是法国人日常生活中的喜乐和恐怖。雅各布的诗文和后一代的欧仁・尤内斯库（Eugène Ionesco）所作一样，展现了日常生活背后可怕的深渊，或者隐藏在陈词滥调之下的危险。《假面舞会》和梅德拉诺马戏团（Cirque Medrano，一个廉价的、以取乐为主的马戏团）一样有着狂欢而大众化的气氛，它是一部具有高度颠覆性的作品，慢慢揭开单调的日常现实，揭示出令人不快的阴暗面，具有使人震惊的力量。

要如此极端地看待语言和音乐的“常态”，身处社会习俗之外是有帮助的。马克斯・雅各布是犹太人、同性恋。他说在耶稣基督在一个电影院里向他现身后，之后就改信了天主教。雅各布的私生活十分丰富多彩，他的情人可能包括饥肠辘辘的小画家毕加索（尽管一些毕加索的传记作者表示否认）。晚年时他

76

变得禁欲，住到了奥尔良郊外的一个小村里。在1940年德国占领法国后，雅各布和其他法国犹太人一样，被迫佩戴黄星。他的哥哥和妹妹被押送到奥斯维辛，惨遭杀害。1944年，雅各布在去往奥斯维辛的途中，于法国的德兰西集中营去世。雅各布的诗被称作"一种升华了的对于'一战'屠杀的恐惧感"。

《假面舞会》也是威尔第歌剧《假面舞会》标题的法语版。舞会中活跃的舞蹈音乐以血腥的悲剧结尾，背景中有一群女巫和一个异装癖男仆。普朗克在他的"世俗康塔塔"中创造了一个相对怪异的情节剧。尽管剧情疯狂、错乱，全剧仍被整齐地规划在六个规整的部分中："前奏和英勇之歌""间奏""马尔维娜""小品""失明的贵妇"和"终曲"。

《假面舞会》的开头是一记鞭响和一段俗气的马戏旋律——小丑本着米约《屋顶上的牛》的精神上场。音乐无疑是喜庆的，但是歌词却很怪异："拉杜菲夫人今天不会看他们从她身上逼出来的好看的电影(就是字面上的意思——电影是他们把她的鼻涕拉出来做成的)，因为他们把她和她的第一个孩子埋在地里，埋在地里，埋在南泰尔，那是她被埋葬的地方。"给听众英译本是不够的，因为雅各布的诗文需要依靠法语的语音："Car on l'a menée en terre... avec son premier né... en terre et *à* Nanterre... où elle est enterrée."①提到南泰尔这个俗气的市郊行政区会让法国观众听来觉得很好笑。普朗克给"拉杜菲-菲-菲-菲"(Madame la Dauphine-fine-fine-fine)配的曲散发出在婴儿房里和音乐厅里的声音效果。在第一和第二首诗之间有一首器乐的间奏曲——"间奏"，让人能够在歌词创造出来的吓人意象中喘息一下。廉价音乐的效力笼罩着第二首诗，标题是"Mademoiselle Malvina, agrégée ès lettres et chargée de cours"，意思是说马尔维娜小姐有一个文科文凭和一份低阶教职。她死于爱情，"或者让我们这么说，死于糖尿病"。马尔维娜小姐这首歌的引子开始的速度非常快，是广受欢迎的暴力戏——法国大

① 这段法语是前文歌词中的后半部分。

木偶戏的风格，“我有一些希望能吓到你的东西”，然后是不慌不忙却带着恶意的音乐。在鞭子声、管乐发出的消化般的声音和警哨声之后是一段小提琴独奏的小品，让人想起了魔鬼天才小 77
提琴手帕格尼尼(十九世纪的一部分观众认为帕格尼尼是魔鬼的化身)。

普朗克把最恐怖的形象留在了后面，“又胖又盲的女人眼睛在流血”结束在一个更像是在说而不是在唱的段落里，和贝尔格《沃采克》中的超自然恐怖很相像。在《失明的贵妇》开头，钢琴重现了穆索尔斯基的歌剧《鲍里斯·戈都诺夫》(*Boris Godunov*)中戈都诺夫发疯死亡的桥段中钟表的滴答声。在又胖又盲的女人这个形象中，普朗克想到的是1912年在诺让的布提岛上见到的一对夫妇。她当时经常和丈夫一起坐在门廊上，她丈夫像极了连环杀人犯兰德鲁(Landru)，卓别林的《凡尔杜先生》描绘过这个人。一想到这对夫妇，普朗克就害怕——对他来说这象征着异性恋最糟糕的形象。歌手用假声在结尾高唱“son nid”!(他的房子)，表现的不是疯狂就是变性，句子不断地重复又加强了疯狂的气氛。歌词十分有破坏性：“在这个房子里，一切闻上去都像死羊皮。”《假面舞会》表现出普朗克在失去雷蒙之后所感受到的无处不在的死亡气息。动感的《终曲》具备无法克制的高昂精神，富有创造性的配器拥有真正的流行音乐特点。

病态的悲剧藏身于马戏般的滑稽表演之中，这就是作品的基调。普朗克的康塔塔告诉法国人：“我很畸形，你们也是。”作品的怪异有可能受到他的赞助人玛丽-洛尔·诺艾耶的影响。她看上去就像弗朗西斯科·戈雅的讽刺贵族肖像(塞西尔·比顿把她描述成“活着的杜米埃”[1]，而南希·米特福[Nancy Mitford]则惊叫：“一定要去看她，看一次!”)。吉尔伯特-莫林(Gilbert-Moryn)是首演的男中音，在普朗克的要求下，他抱着和演唱普契尼《托斯卡》中斯卡皮亚一角同样的认真态度对待《假

① 杜米埃为法国十九世纪的讽刺画家。

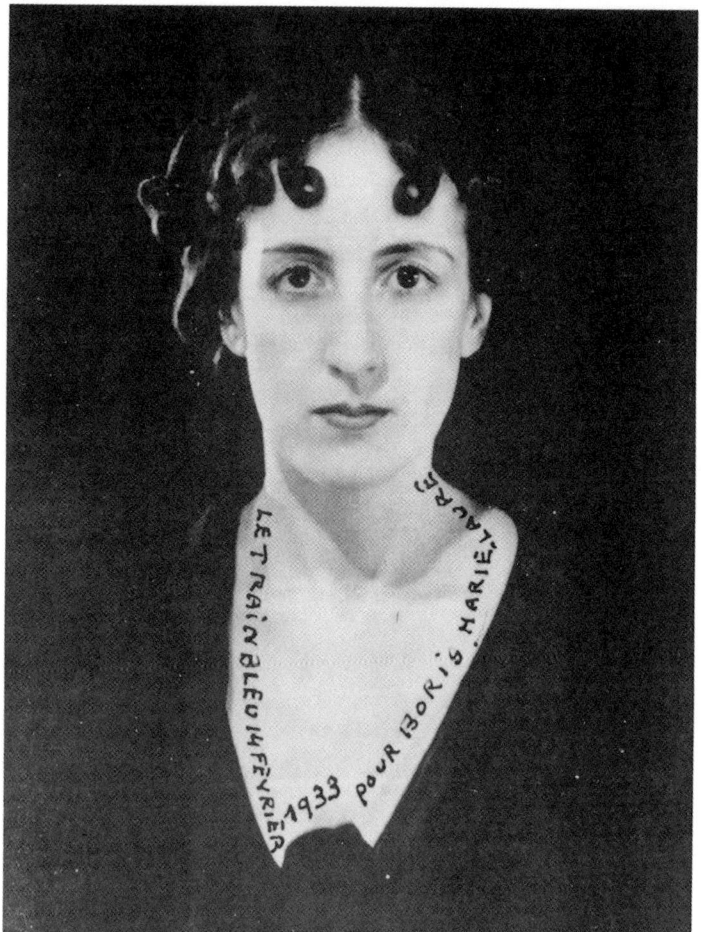

曼·雷慷慨地为玛丽·劳丽·德·诺瓦利斯拍下这幅他最擅长的时尚杂志风格照片。她像马一样的鼻子在这个全脸的肖像中看上去不那么明显。

面舞会》;并且,假面舞会中的独白角色确实和斯卡皮亚男爵一样,从头到尾都处在一种强烈的性暴力情绪中。后来录制作品的是音色较轻盈的皮埃尔·博纳克,而这部作品实际上是写给具有英雄气概的嗓音的。《假面舞会》也可以由女中音演唱,但是从未有人这么演过。

人们无法一直在《假面舞会》表现出的悲喜剧和疯癫之间保 78
持平衡,而普朗克在这个时期的其他作品中又重新强调了愉悦原则。1931 年,他写了《路易·拉朗内诗三首》(*Trois Poèmes de*

Louise Lalanne)和《纪尧姆·阿波利奈尔诗四首》(*Quatre Poèmes de Guillaume Apollinaire*),是他欢快的作品中最好的两部。"路易·拉朗内"是阿波利奈尔和情人玛丽·洛朗桑合用的笔名。普朗克编曲的三首诗为《当下》(*Le Présent*)、《歌曲》(*Chanson*)和《昨日》(*Hier*),其中有两首是由洛朗桑写的,但她本人并不喜欢。根据作曲家的说法,他写的《当下》的灵感来源 *79*
于肖邦奏鸣曲中的《葬礼进行曲》。《歌曲》和《帽徽》一样是狂野的游乐场风格。然而《昨日》在音乐上非常细致。在写作时,普朗克不断地想到流行歌手伊翁·普兰通(Yvonne Printemps),还有爱德华·维亚尔(Édouard Vuillard)的一幅室内绘画。普兰通和维亚尔可能影响到了这首歌的清晰和简单风格(钢琴部分几乎和唱的部分完全一样)。钢琴在结尾处以冥想般的声响结束,就像后来的作品《如此一天,如此一夜》(*Tel Jour, telle nuit*)中的一样。

《纪尧姆·阿波利奈尔诗四首》分别为《鳗鱼》(*L'Anguille*)、《明信片》(*Carte postale*)、《电影院之前》(*Avant le Cinéma*)和《1904》,都是澎湃的青年之爱的迷人旋律。《鳗鱼》的风笛圆舞曲风格似乎随时都会走调。普朗克要求钢琴家弹得非常干净短促,绝对不能加踏板——他很少对钢琴家提这样的要求,很显然他不希望演奏者把这些流行乐中天然的乐趣做得过头。《明信片》是一首情歌,普朗克希望表现得要和伯纳尔的绘画一样发自内心深处。他再次对演奏者提出严格要求,钢琴家要弹得"没有任何细微差别,要保持严格一致的拍子,速度适中而不能拖沓"。严格的规则是这些歌曲的关键,即便它们有着敞开人心的魅力。《电影院之前》和其他歌比起来讽刺得最为直白,而在《1904》中,普朗克又一次提醒演奏者要节制:"不要夸大情色的部分,谱子上写的已经足够了。"

节制感在普朗克的艺术中是重要元素,但是在生活中他自我放纵,对奢华而非必需品的需求始终围绕着他。他喜欢纵情吃喝,穿考究的衣服,还热爱旅行。在舒适豪华的宾馆中,如果他愿意,他可能会到一个优雅的大厅里面会见上层人士。普朗克对装饰有种狂热,他会给努瓦宰家中图书馆的上千本书加上昂贵的装订，哪怕是口袋版的乐谱。当他的消费超过了他的收入时，他也害怕不得不卖掉他都兰的房子，靠教钢琴课过活。他在信中提到这些时就好像一个偏执狂的阔太太害怕遭贼一样。谢尔盖·普罗科菲耶夫是他的好友和桥牌搭档，他以俄罗斯式强烈的讽刺开玩笑说，普朗克应该考虑参加由纽约的《法官》周刊举办的桥牌比赛，因为25000美元的奖金可要比给作曲家的委约费多不少。

80 普朗克曾尝试和不幸的歌手达米亚以及作家柯雷合作电影项目，但都没有实际成果。最终他乞求了他的朋友——歌唱家让娜·德·波利尼亚克，即夏尔·德·波利尼亚克伯爵夫人。她是娜迪亚·布朗热的牧歌团成员，她的弟妹玛丽-布朗什·德·波利尼亚克也是一位很有成就的歌唱家。两位女性劝说了她们的姑妈波利尼亚克王妃维娜瑞塔·辛格委约普朗克一部作品，由此诞生了《双钢琴协奏曲》(*Concerto for Two Pianos*)。普朗克认识这位亲王夫人很多年了，但是她从来都不急着让他写曲子。普朗克进入她委约创作的作曲家的圈子之后，很乐意听她讲有趣的轶闻。亲王夫人说，1888年她邀请夏布里埃在她的沙龙演出他的歌剧《格温多琳》，晚饭时，夏布里埃递给她一份芦笋，说："夫人，尝尝看，不过这会让人的尿特别难闻。"

右图：令人尊敬的娜迪亚·布朗热。她是半个多世纪中法国音乐教育的关键人物。她是斯特拉文斯基的强烈支持者，也给普朗克提供了许多忠告、建设性的指导并赞美他。

普朗克想在他的新作品中捕捉来自王妃沙龙中的欢腾畅快气氛。为了准备创作，普朗克弹了所有莫扎特、李斯特、拉威尔的协奏曲，还有伊戈尔·马尔科维奇(Igor Markevitch)的一部钢琴作品《帕蒂塔》(*Partita*)。马尔科维奇比普朗克大约小十岁，是一位瘦弱而天才的俄罗斯作曲家、指挥家，在1928年见过普朗克，那时候他正在满足佳吉列夫最后的"激情"。

普朗克的《双钢琴协奏曲》分为三个乐章，"不过分的快板""小广板""终曲：很快的快板"。看上去很明显是传统的奏鸣曲曲式，但《双钢琴协奏曲》并没有严格遵从古典的模式，而是更像"幻想曲"。这方面，普朗克深受拉威尔两首钢琴协奏曲的影响：拉威尔的《G大调钢琴协奏曲》于1932年在巴黎的普雷耶厅首演，《左手钢琴协奏曲》在后一年首演。普朗克觉得拉威尔的作

品“不可思议”，并和雅克·费弗利埃在玛丽·布朗什的家中非正式地演奏了一次《G大调钢琴协奏曲》。

有了拉威尔的例子，普朗克给予自己充分的自由。虽然《双钢琴协奏曲》的第一乐章应该说是分成了前奏、发展部和尾声，但离经叛道和出其不意之处几乎把这个古典曲式给隐藏起来
82 了。普朗克带听众经历了一场无声电影式的冒险，交响风暴逐渐激昂，两架钢琴的演奏勇往直前。为了给第一乐章的结尾多一点异域风情，普朗克加了一段叮叮咚咚的奇怪段落，他说是由巴厘岛的加美兰音乐启发而来，是他在1931年的夏约宫(Palais de Chaillot)举行的殖民地博览会上听到的。其他听了同一场加美兰音乐会并受到影响的作曲家还有伊戈尔·马尔科维奇和奥利弗·梅西安(Olivier Messinen)。可以理解为什么有些评论家说普朗克有着无奇不有的大杂烩审美。

《双钢琴协奏曲》所呈现的古典曲式被改写到几乎无法辨认的地步：创作原则依据的不是传统，而是笑声和对感官体验的渴求。钢琴家可以在快速的高潮和节奏性的敲打声中得到满足。开头部分两架钢琴之间四个音的交替是贝多芬在《第四钢琴协奏曲》结尾高潮才有的音乐。作曲家把这种强力的音乐和弦乐的拨弦相穿插，而勃拉姆斯在《小提琴和大提琴双协奏曲》第一乐章直到结尾才有拨弦。普朗克没有让观众等待这些赢得人心的效果，而是直接就放了上来。第二乐章的开头是莫扎特式行板乐章的翻版，把无足轻重的音乐写得比莫扎特的手法还显得珍贵。与之相反的是，第三乐章似乎受到了乔治·格什温(George Gershwin)的影响。这首协奏曲的第一乐章有“丛林布吉”(jungle-boogie)式的鼓声，让人想到普朗克早期在《黑人狂想曲》中和非洲音乐短暂的接触。

对普朗克来说，音乐意味着团队、合作、陪伴，意味着这些词语指向的所有含义。他于1918年创作的《四手联弹奏鸣曲》只是“四手一体”，但是《双钢琴协奏曲》和后来的《双钢琴奏鸣曲》都可以看作是两个独立个体的对话。《双钢琴协奏曲》中可以感受到活跃的交流和互相较量，仿佛是和普朗克在一起的一个充满幽默的晚上。“最粗鲁的词和聊天话题也一点都不会让他震

惊”，这是伯纳克对普朗克私下聊天时的评论。

其他作曲家的风格也在作品中被引用了：有些节奏让人想 83
到斯特拉文斯基，一些伤感的旋律则是拉赫玛尼诺夫，还有取自法雅《西班牙花园之夜》的民俗风的响板。美国作曲家艾略特·卡特（Elliott Carter）在 1938 年 1 月的《现代音乐》（*Modern Music*）中称这部协奏曲为“从斯卡拉蒂、莫扎特、舒曼、夏布里埃到斯特拉文斯基和流行曲的拼贴音乐”。但他同时也觉得作品很有说服力：“因为它有特别的活力，再加上普朗克对和声和乐队音响特有的敏感，能把最顽固的听众也吸引过来。”

这部协奏曲于 1932 年在威尼斯首演，由普朗克、费弗利埃和由托斯卡尼尼运营的斯卡拉乐队合作演出。尽管那晚托斯卡尼尼本人没有指挥，普朗克还是被乐手的水平震撼了，他说小提琴“像天使一样”，单簧管“多情”，双簧管“甜美又明亮，太让人钦佩了”！托斯卡尼尼从乐手中激发出技艺和情感的融合，是普朗克对器乐音乐的理想，他在一些作品中实现了这一理想，比如《六重奏》。这份钦佩并没有得到回报——托斯卡尼尼从来都没有指挥过普朗克的作品。

三十年代初，普朗克不断地放弃作曲计划，比如《六重奏》的第一个版本。这部作品在 1939 年进行了大幅改动。普朗克为让·季洛杜（Jean Giraudoux）的舞台剧《间奏曲》（*Intermezzo*）写了配乐，导演为路易·儒韦（Louis Jouvet）。此外，他还写了大量质量平平的钢琴曲来满足他的音乐出版商，因为很容易卖给业余爱好者。这些钢琴曲很是轻松有趣，但是没什么音乐吸引力。普朗克完全看不上这些作品，如果我们比作曲家还重视这些作品的话，就轻视了他真正的成就。

1934 年普朗克写了轻快而有特色的《给孩子的四首歌》（*Quatre Chansons pour enfants*），这些歌的童年视角介于西莱尔·贝洛克（Hilaire Belloc）的《无情韵诗集》（*Ruthless Rhymes*）和罗西尼自我放纵的《年老的罪恶》（*Sins of My Old Age*）之间。如今一般都是成人演唱这些歌曲，但这些歌曲可能像作曲家所期望的一样，由儿童唱也很好。第一首歌是著名的《我们想要一个小妹妹》(*Nous voulon une petite soeur*),孩子们狂躁的合唱向父母施压,让他们再生一个小妹妹,这和十年后的作品《蒂蕾西阿斯的乳房》中急迫得超现实主义的生育意愿很接近。在孩子想要的礼物清单中,“我们想要一个小妹妹”预示了《小象巴巴的
84 故事》中贪婪的快乐。第二首歌《小勒内的悲剧故事》(*La Tragique Histoire du petit René*)的主题是一个抠鼻子的小男孩。最后一首歌,《无忧先生》(*Monsieur Sans Souci*)是一幅诙谐的自画像,就像爱德华·里尔(Edward Lear)的《认识爱德华·里尔是多么地高兴》(*How pleasant to know Mr. Lear*)。

欢乐的时光很快就要结束了。各种新的、多方面的困难很快就要超过经济危机,挑战着作曲家的世界。

4

战争将至 1936—1939

达利的这幅超现实主义画作由收藏家、业余诗人爱德华·詹姆斯委约，表现了空虚和狂躁的争斗。十九世纪三十年代后期和四十年代充满了不断的战争，连不问世事的普朗克都受到了影响。

“我不喜欢这个时代，人极少能感到自由。但我还是爱这个世上的一些人……如果我有什么信仰，哪怕是个不好的信仰，至少也能支撑些什么。但我完全没有。当然我们所处的这个时代，光是幽默解决不了任何问题。”

——弗朗西斯·普朗克

《书信集》

（*Correspondence*）

战争将至 1936—1939

86 到了二十世纪三十年代中期，经济危机和军事升级的气氛是如此明显，以致让一个不关心政治的作曲家都能意识到。法西斯主义在德国和意大利迅速崛起。普朗克并没有被卷入反法西斯的运动之中，他在1934年10月给好友亨利·索盖写信时说："上帝知道我不是个顽固的民族主义者，德法和解（!!!）可完全不会让我不高兴。"（这显然是关于普朗克或者索盖当时的一个男朋友的玩笑）

普朗克的问题是缺钱还在过着奢华的生活，他声称1936年是令人生厌的一年。由莱昂·布鲁姆（Léon Blum）带领的法国人民阵线并没有阻止法西斯运动。法国人民阵线改善了工人们的生活（增加了带薪休假），但是富有的作曲家从这个运动中能得到的微乎其微。普朗克厌恶法国政治，左翼右翼都一样，他说他看到右翼就想呕吐并不代表他就要直接亲吻"莱昂式"的左翼。还有一件可能烦扰到普朗克的事情是，1936年，一家属于法国人民阵线的剧院无视了他，而委约了奥里克、奥涅格、米约、凯什兰、伊贝尔和鲁塞尔等作曲家。普朗克去了最终名为"十四个七月"的演出，并声称，除了米约和奥里克的作品之外，"它就是屎"。普朗克对于"丑陋和悲伤的现实生活，无论是外在的还是私人的"的问题部分来源于情感方面的麻烦。他和尚莱赫之间的关系走到了尽头。1931年他把《晨曲》题献给了尚莱赫，写道"怀着柔情和伤感，弗朗西斯"。一个年轻帅气的双性恋司机替换了尚莱赫，来自努瓦宰，名叫雷蒙·德图什（Raymond Destouches）。作为缪斯女神的雷蒙能够启发普朗克写下《蒂蕾西阿斯的乳房》和合唱作品《人像》。但是这位雷蒙除了刚好名字相似之外，并不能替代雷蒙·里诺西埃。

当欧洲正在逐渐进入新的世界大战时，普朗克大部分时间都待在努瓦宰图尔的别墅中。普朗克忙于创作,他说:“在努瓦宰我变成了一个又胖又有点堕落的僧侣,还自夸是一个出色的新厨师。”别的时候,他抱怨自己活在工作的牢狱中,又和所有的僧侣一样,有变得懒惰的倾向。“我不得不撑过像现在这样的时期,整天都在鄙视自己和自己的作品。”旅行也无法减轻这种内心的不安宁。作为伴奏的他和波兰女高音玛利亚·莫德拉科夫斯卡(Maria Modrakowska)去巡演,但他并不喜欢具有异域风情的地方。为了开音乐会,他去了突尼斯和阿尔及利亚,和朋友说他觉得自己老了。那里有无数帅气的士兵,但是他不会像作曲家雷纳尔多·哈恩(Reynaldo Hahn)那样冒险去纠缠他们。普朗克只在巴黎感觉像回了家,在乡下的时候能进入工作状态;少数的欧式豪华宾馆也能给他这种感觉,还有之后欢迎他前往的美国。 87

1931 年普朗克创作了《马克斯·雅各布的五首诗》(*Cinq Poèmes de Max Jacob*),诗歌描绘了布里多尼的乡村生活,包括《歌曲》(*Chanson*)、《墓地》(*Cimitière*)、《小女仆》(*La Petite Servante*)、《摇篮曲》(*Berceuse*)和《苏里克和莫里克》(*Souric et Mouric*)。马克斯·雅各布用诗歌艺术地表现了人们的日常语言,而普朗克则沉溺于类似穆索尔斯基的声乐套曲《童谣》中的民俗风格。《小女仆》是一首快速的祈祷歌,有着神经质的紧张感,后来《断头台上的修女》中布朗什的音乐回响着这种感觉。《摇篮曲》是个滑稽的圆舞曲,用粗俗的布里多尼方言写成,描述了一系列需要避免的身体不适(让我们远离丘疹……疝气和腹泻),这是典型的普朗克——一个专业的强迫症。《苏里克和莫里克》讲述了一只白老鼠和一只黑老鼠的故事。为歌词“现在夜晚来临了”配的音乐表达出真实的不安感,以一种不祥的预感唱出,就好像我们无法阻止黑暗的降临。普朗克在写作时的思维模式,他组织脑中不连贯的想法、画面和记忆的过程让人费解,体现在这部作品中,就是他总会想到自己心爱的猎狐梗米奇——他作曲时,米奇会坐在钢琴下面。他也会想到孩童时期的朋友伊芙·居里(Eve Curie)——物理学家居里夫人的女儿。

MODERNE

法国的左翼运动“人民阵线”由莱昂·布鲁姆带领。他是一个犹太人，被反犹者痛恨，但普朗克也讨厌他，叫他“女莱昂”，①这是因为巴黎的同性恋群体中有传闻说，在图中1938年巴黎游行海报上的这位布鲁姆，是个同性恋。

① La Léon，法语名词分为阴性和阳性，用“la”作为名词前缀表示该词为阴性。

另外还有一些歌曲发掘了当地的音乐色彩和悲剧的情感：《八首波洛奈兹歌曲》(*Huit Chansons polonaise*)，由民歌旋律改编而成，是在 1934 年写给玛利亚·莫德拉科夫斯卡的。玛利亚·莫德拉科夫斯卡在巴黎跟娜迪亚·布朗热、卡莱尔·克罗
90 瓦莎(Claire Croiza)学习，是一名作家、钢琴家、植物学家和化学家。普朗克以对死亡的焦虑为主题为她创作了战争歌曲。旋律本身起源于 1831 年的波兰起义，人们在起义中靠唱歌来激发勇气："如果死亡带走了你，我们也将一同毁灭……今天我们加入了战争，哦，辉煌的死亡……大炮和死亡在召唤我。"为了写作这部民歌风格的作品，普朗克参考了巴托克对匈牙利和罗马尼亚民歌的详尽研究。他努力地寻找力量之源，接着在他的波兰的朋友们身上找到了，比如莫德拉科夫斯卡和兰多芙斯卡。他给她们每人题献了一首波兰歌曲。基于马克斯·雅各布的歌和这些波兰歌曲，都用民歌或农民音乐来讨论死亡和如何忍受死亡的问题。蒙田称哲学为学习如何死亡的艺术，而普朗克让音乐扮演了这个角色。

1936 年普朗克遇到了一个转折点，涉及的事件被很多人所曲解。有传言说普朗克是六人团中放纵无知的一员，只写些头脑简单的轻快小曲，他"亲爱的好朋友"皮埃尔-奥克塔维·费鲁(Pierre-Octave Ferroud)在一场事故中去世，然后普朗克写了一首简单、虚伪的合唱作品《黑色圣母的连祷文》(*Litanies à la Vierge noire*)。这个常常被提起的故事跟事实相去甚远。费鲁是普朗克的敌人而不是朋友，而普朗克的圈子也都不喜欢他。他在 1936 年 8 月 17 日死于一场惨烈而暴力的事故，在车祸中身首异处。这位敌人之死的离奇和血腥给普朗克留下了长时间的印象。费鲁的"身首异处"被提到了好多次，普朗克可能由此潜移默化受到了影响，表现在后来《加尔默罗会修女的对话》的断头台终曲中。

普朗克在于泽什(Uzerches)度假时听说了费鲁的消息。他住的宾馆离罗卡马杜尔(Rocamadour)很近，罗卡马杜尔是黑色圣母雕像所在的圣地，圣·阿玛杜尔奇迹般地用黑木雕刻了这座塑像。塑像展现的玛利亚有厚嘴唇、粗眉毛、鹰钩鼻和高高的

颧骨，离奇地和成年的雷蒙·里诺西埃有些相似。普朗克从未提及过这一点，但是像他这样一个视觉导向的人是不太可能错过这个巧合的。在他第一次去罗卡马杜尔的一个晚上，他开始创作自己的第一部宗教作品，基于朝圣者祈祷的《连祷》(*Litanies*)。这部短小的作品应由一个女子合唱团或儿童合唱团简洁地演唱，“以一种非常原始初级的状态”，就像是一种“农夫的虔诚”。大部分演出都扭曲了这种形象，而且几乎所有的演 91
出都是女子合唱团，尽管有一段时间还是经常由儿童合唱团来演唱的。

为女声合唱、弦乐、定音鼓和管风琴而作的《连祷》只有一个乐章，大约七分钟。一开始是安静的祈祷，当歌词提到圣母是中世纪法国战士，比如罗兰的保护者时，情绪变化为“可被觉察地、更为激动地、最强音、爆发地”(作曲家的标注)，然后再次归于安静。当战争威胁到欧洲时，《罗兰之歌》(*Chanson de Roland*)中的英雄可以适时地唤起人们的记忆，而普朗克的作品符合了一批由传说和宗教激发创作热情的民族主义作曲家的创作主题。这批作曲家结成“青年法兰西”(Jeune France)，由奥利弗·梅西安和安德烈·若利韦(André Jolivet)领导。

在《连祷》的曲末，当合唱部分逐渐平静下来时，管风琴开始演奏稀疏的开头所没有的丰厚的新和声。管风琴在宁静中演奏了最后的音符，决然地结束了乐曲。普朗克希望这首作品中的管风琴有罗卡马杜尔地区的簧风琴(harmonium)的效果，不要听上去太沉重或者过于强调，娜迪亚·布朗热建议他用管风琴上的合适音域来给合唱声音做背后的铺垫。

关于《连祷》中的合唱部分，普朗克受到娜迪亚·布朗热在1936年一个音乐沙龙上指挥的一场蒙特威尔第牧歌的影响，他的好友玛丽-布朗什·德·波利尼亚克在这类音乐会中担任女高音。但是女子合唱团演唱的《连祷》有些段落很容易听上去像歌剧，似乎预示了《加尔默罗会修女的对话》——她们高喊出的“怜悯我们”(ayez pitié de nous)，有着一种过于坚持、被惹怒的调子。这种尖锐的声音可能是因为普朗克并没有真正的信仰。他对奥里克说：

普朗克毫无疑问是个爱狗者，而且在他的晚期作品《人类之声》中描述了这一点。这张照片表现了作曲家幸福地抱着他的猎狐梗米奇，小名叫“豆豆”。

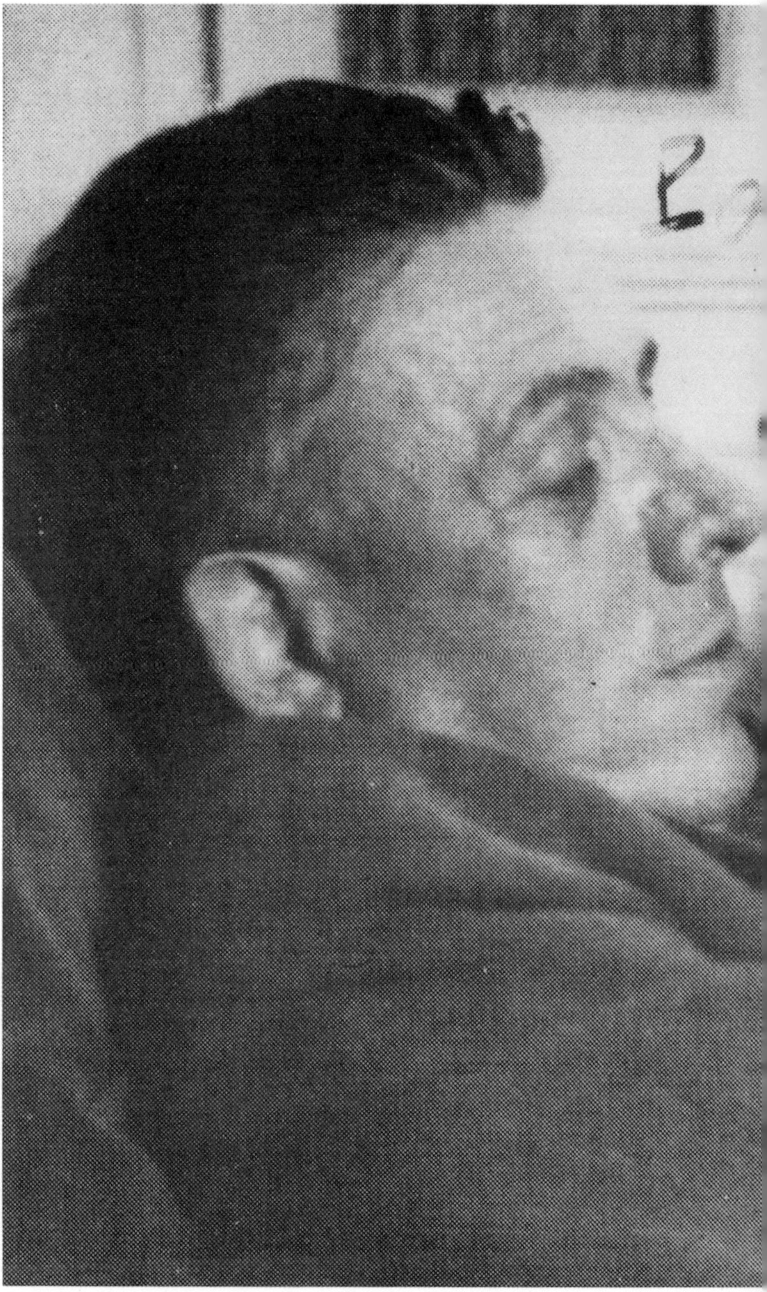

"我不喜欢这个时代,人极少能感到自由……我真希望我能像你那样思考,有你那样的信念……如果我有什么信仰,哪怕是个不好的信仰,至少也能支撑些什么。但我完全没有。"

《连祷》表现出一种热烈,却未被满足的对信仰的渴望,这就是普朗克宗教音乐的痛苦来源。相对而言,如果由儿童来合唱这部作品,表现出来的更多的就是民歌的那些元素。

94 儿童是普朗克生活和工作中不断出现的一个主题。当然,普朗克对孩子的兴趣绝不是恋童癖。他喜欢孩子过剩的精力,那种让人眼前一亮的感觉,还有他们经常表现出的鲁莽。孩子身上集中了叛逆的能量,在普朗克整个事业生涯中都是他欢快的作品的灵感来源。他有好几次把作品奉献给孩子,而且并不只是为了讨他们的父母高兴——孩子的父母中有他的朋友,也有他的出版商。1936 年,普朗克创作了《微弱的声音》(*Petites Voix*),是五首三声部的无伴奏合唱,非常简单,孩子都能演唱。

右图:照片为 1937 年男高音皮埃尔·博纳克和普朗克在一起,他是普朗克非常重要的音乐顾问,无论是宽泛的音乐问题还是声乐上的细节都能解答。尽管他的声音稍微有些嘶哑,让一些听众不太喜欢,他仍然是普朗克作品出色又精准的诠释者。

作曲家不久后就从一位音乐前辈的建议那里得到了益处。1934 年 6 月,在皮埃尔·博纳克的一场德彪西专场音乐会之后,普朗克表示他想给博纳克伴奏,演唱他自己的作品和德彪西的那些作品。同一个夏天,当普朗克作为《费加罗报》的记者前往萨尔茨堡音乐节时,博纳克受聘要为一位古怪而有钱的女游客举办一场德彪西音乐会,但是缺一个钢琴伴奏。他给普朗克传了个消息,请他帮忙,还说"报酬很高"。普朗克答应了。1935 年他和博纳克一起巡演,给他的声乐音乐会伴奏,主要是为了钱。普朗克坚持说:"我更喜欢弹钢琴,而不是写一些低级的只为了赚钱的音乐。"但是在 1935 年,他给尼古拉红酒店的一部卡通宣传片写了一些配乐,这部电影在巴黎的各影院中播放。当声乐伴奏显然比这个档次高不少。

普朗克总能找到出色的歌唱家来演唱他的歌曲。普朗克赞扬过的男中音吉尔伯特·莫林(Gilbert Moryn)首演了《假面舞会》和《阿波利奈尔的四首诗》,但是很快就不再出现了。普朗克另一位最爱的女高音玛利亚·莫德拉科夫斯卡在 1935 年突然退出舞台生涯,没有任何解释。普朗克跟博纳克的合作要更为

持久一些，可能一部分原因是博纳克的事业主要就是独唱音乐会，没有其他事会冲突。普朗克在萨尔茨堡的这场音乐会之前无视了博纳克八年。两人都和对方保持着距离，因为他们都听到了传言（假的）说出生于法国上层家庭的博纳克听了《逸乐之歌》后觉得其中的粗俗不堪忍受。博纳克在这些年间逐渐成长，

而当他再次和普朗克合作时，后者已经是一位三十四岁的成熟
95 艺术家了。作曲家需要做的全部事情就是演奏他在二十五年间给博纳克写的九十首歌的伴奏部分，他完全不需要费什么劲就可以弹好。

普朗克为博纳克创作，既是因为他的嗓音，也是因为他的性格。这位男中音嗓音的多样性和轻松的技巧意味着他也可以演
96 唱普朗克写给其他人的歌，比如《假面舞会》，普朗克原本是写给更为雄壮有力的嗓音的。但是博纳克的演唱很细致，有精细打磨的层层情感和音量变化。最重要的是，他能够将高贵和令人信服的内在情感传达出来，这两点对于诠释浪漫歌词都很重要。博纳克有着典型的法国式的逻辑分析的清晰头脑，而普朗克知道自己可以把所有的新作品都拿给博纳克，依赖他客观的理性反应。普朗克承认博纳克“总是对的”。博纳克对朋友很坦率、诚实，是个有礼貌、有教养、保守私密的人。他适中的嗓音和他的性格一样，完全处在控制之中，而他冷静敏感的性格又让普朗克能够在他们的组合中出风头。在巡演途中，大多数令人不快的琐事，像是订火车票、订旅馆，都是博纳克完成的。普朗克却讨厌排练，更喜欢在当地的博物馆中转悠。普朗克后来将他们二十五年的合作生涯总结为他事业生涯中“三次伟大的会见”之一，另外两个是同兰多芙斯卡和保罗·艾吕雅(Paul Eluard)。

他和艾吕雅的合作在同一个时期开始，差不多是二十世纪三十年代中期。但是普朗克很早就在阿德里埃娜·莫尼尔的书店见过他：“我一下子就对艾吕雅无法抗拒了，因为他是唯一一个能忍受音乐的超现实主义者。而且他所有的作品都使音乐界震颤。”1935 年，他根据艾吕雅的五首诗给博纳克写了如下歌曲：《他能否安息?》(*Peut-il se reposer?*)、《他将她抱在怀中》(*Il la prend dans ses bras*)、《一股清澈的水柱》(*Plume d'eau claire*)、《在玻璃前徘徊》(*Rôdeuse au front de verre*)和《爱恋》(*Amoureuses*)。直到 1948 年创作的阿波利奈尔的《图画诗》之前，普朗克一直专注于为艾吕雅的诗作谱写歌曲。他后来不喜欢这套《艾吕雅的五首诗》(*Cinq Poèmes de Paul Eluard*)，认为他们不如给马克斯·雅各布、阿波利奈尔还有后来的一些给艾

吕雅的作品写得好。有趣的是,这里的问题似乎更多出在钢琴部分而不是博纳克对声乐部分的诠释。在《爱恋》中,钢琴部分很响,作曲家承认他试图用最少的音乐手段来表达最多的情感。在《在玻璃前徘徊》中,他仅仅重复了一些《双钢琴协奏曲》中的巴厘岛风格。但总的来说,考虑到普朗克在对同一个诗人的创作上很快就能完成得干净利落,《艾吕雅的五首诗》过于复杂,节 97
奏也不稳定。然而在创作《艾吕雅的五首诗》时,普朗克提到他想起了 1932 年马蒂斯[①]为马拉美诗作的配图展,他希望能够模仿马蒂斯的方式,即在付出许多努力后,把思路减少到最精炼的单一线条。只有《一股清澈的水柱》算是实现了这种马蒂斯的理念,其清晰的和声和稳定的节奏让普朗克可以说,尽管多年来他找寻着诠释艾吕雅的音乐"钥匙",只有在这首歌里面"钥匙真正插进了锁孔"。

1936 年普朗克决定给艾吕雅的新作《当前的生活》(*La Vie immédiate*)配曲。他首先尝试用钢琴伴奏来写这些乐曲,但之后觉得钢琴只会降低这些曲目的质量。这部题为《七首歌曲》(*Sept Chansons*)的作品像《黑色圣母的连祷文》一样,呈现出蒙特威尔第无伴奏牧歌的影响。普朗克从布朗热的合唱团演出那里学到了蒙特威尔第创作混合声部的方式,还有比如闭着嘴演唱的技术。最主要的是,普朗克吸收了蒙特威尔第把握合理尺度的艺术感觉。

普朗克反对德彪西和拉威尔用古文或古风文字来写作无伴奏合唱。他要绝对的现代化,用现代诗来配合文艺复兴时期的法国复调音乐传统——类似雅内坎[②]和勒热内[③]所擅长写作的主调合唱曲[④]。但是普朗克的头脑中同时还有乐队式的构想,所以他把作品写给了大型合唱团。评论家埃莱娜·茹尔丹-莫朗杰(Hélène Jourdan-Morhange)指出了《七首歌曲》和"对话作

---

① 二十世纪法国野兽派画家。

② 法国文艺复兴时期作曲家。

③ Claude Le Jeune,法国文艺复兴晚期的作曲家。

④ 一种无伴奏的,以和声而不是对位方式写成的多声部合唱曲。

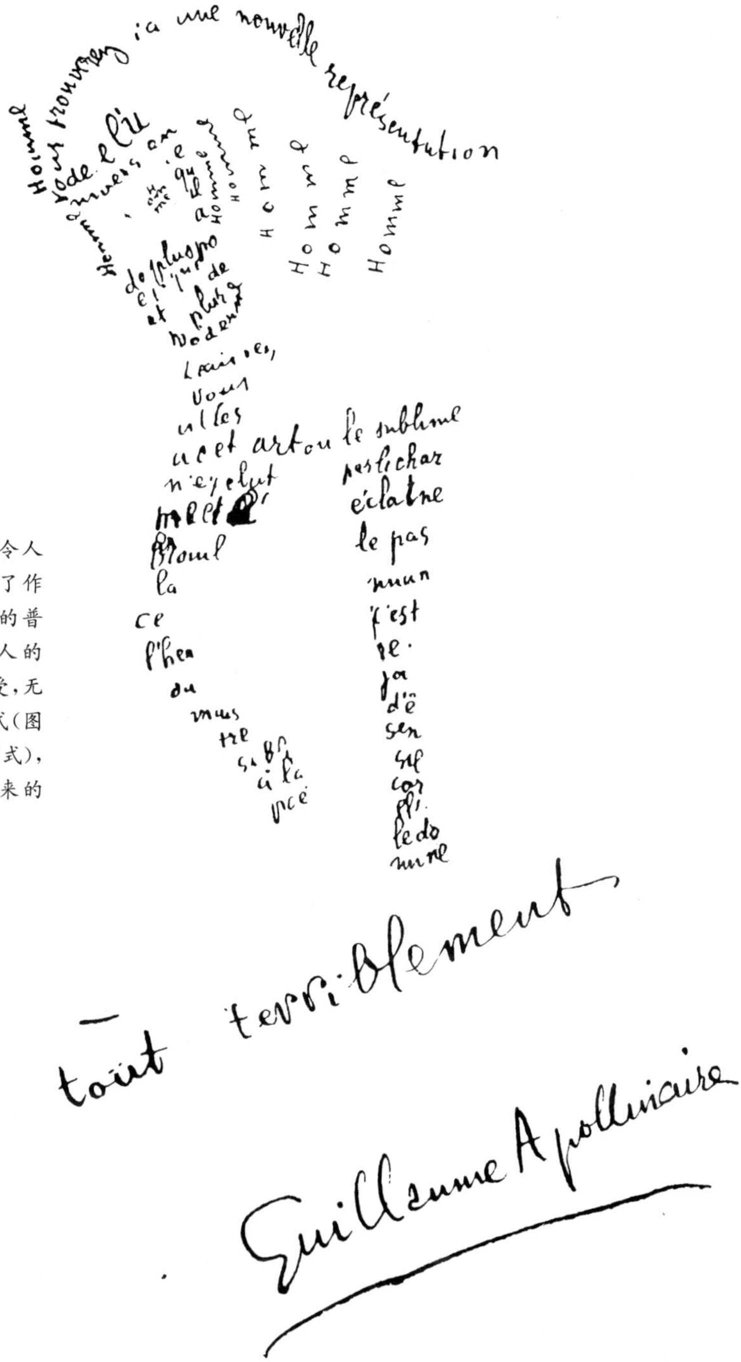

阿波利奈尔令人心碎的感伤打动了作为作曲家和读者的普朗克，让他对诗人的《图画诗》感同身受，无论是画下来的形式（图为化成一匹马的形式），还是正式印刷出来的样子。

品”中器乐风格的关联，各个乐器间仿佛进行着亲密的对话。

由于这里的五首艾吕雅的诗都很阴郁，普朗克担心作品会变得过于拖沓，所以他加上了阿波利奈尔的两首更有动感的诗，最后成为了这样的一部合唱作品：《白色的雪》(*Blanche Neige*，阿波利奈尔)、《勉强的扭曲》(*À peine défigurée*，艾吕雅)、《为了一个新的夜晚》(*Pour Une Nuit nouvelle*，艾吕雅)、《所有的权利》(*Tou Les Droits*，艾吕雅)、《美丽和相似》(*Belle et Ressemblante*，艾吕雅)、《玛丽》(*Marie*，阿波利奈尔)和《闪烁》(*Luire*，艾吕雅)。

当普朗克请求许可运用阿波利奈尔的两首诗时，控制其版权的出版商加斯顿·加里玛(Gaston Gallimard)拒绝了。阿波利 *99*
奈尔的遗孀杰奎琳试图帮助普朗克，但是加里玛非常固执，她也没有决定权。普朗克没想到会失败，他把这归因于“加斯顿出版社的恶意”。被禁止使用阿波利奈尔的诗词后，普朗克计划找马克斯·雅各布帮他给已经写好的合唱作品写词。终于，这部作品在1943年问世，原本用阿波利奈尔诗的两首配上了其他词。加里玛听了这部作品后终于答应了给普朗克诗词的使用权。

1936年的圣诞节，普朗克给博纳克演奏了他给让·谷克多的《素歌》(*Plain Chant*)写的曲。博纳克对他所听到的并没有很欣赏，于是普朗克直接把手稿扔进了火堆里面，看到博纳克惊恐的表情，普朗克笑着让他不要担心，他们下一场二月的演出会有更好的作品的。

而最终，作品《如此一天，如此一夜》从第一场演出起就被视作是大师级的作品：评论家和作曲家罗朗-马努埃尔(Alexis Roland-Manuel)把这部作品和舒曼的《诗人之恋》、舒伯特的《冬之旅》相提并论。《如此一天，如此一夜》能够如此迅速地进入经典作品的队列，除了其抒情的情感，主要是因为强烈的整体结构感。在柏辽兹《夏夜》(*Nuits d'été*)到福雷《美好的歌》(*La bonne Chanson*)的法国声乐套曲的传统中，整体情境、连续性和旋律灵感本身同等重要。普朗克也意识到了这一点，他崇拜《美好的歌》体现出的结构方面的才华，但他讨厌福雷所有其他的方面。普朗克这部新作的灵感直接来源于他所崇敬的声乐套曲：他模仿舒曼的《诗人之恋》，在套曲中加了一首钢琴后奏，“让观众能够更久地感受其中的情感”。

普朗克仔细地架构着《如此一天，如此一夜》，把作品和博物馆中的绘画布展相比较：有一些歌曲是“主要的”，另外一些则是承上启下的，或者用普朗克的话说，就是“蹦床歌”。整套曲目的节奏被精心安排，九首旋律在音调上从哀伤到狂暴都有：《祝你有好的一天》(*Bonne Journée*，哀歌)、《一个毁坏的壳》(*Une Ruine coquille vide*，哀歌)、《像丢失的旗帜般的前额》(*le Front comme un drapeau perdu*，流动的)、《罩着瓦片的大篷车》(*une Roulotte couverte en tuiles*，慢速，哀伤)、《高高拉起缰绳》(*À toutes Brides*，快速，暴力)、《稀薄的草》(*une Herbe pauvre*，慢速，哀伤)、《我只想爱你》(*Je n'ai envie que de t'aimer*，流动的)、
100 《狂野和灼热的景象》(*Figure de force brûlante et farouche*，快速，暴力)、《我们度过了夜晚》(*Nous avons fait la nuit*，哀歌)。这些情感的变奏以一种令人满意的对称交替出现。尽管是有意识设计过的，其艺术性听上去却十分自然，似乎只能这样呈现。这是这部作品的其中一个伟大之处。作为循环结构的一部分，第一首和最后一首歌调性相同，都是C大调，还有着同样的速度和相似的人声旋律线。

普朗克选择的诗强烈地涉及有关道德和社会问题。《如此一天，如此一夜》讲述了艾吕雅所说的“对失去了一切的人们的细致一瞥”，这些人在街头、在监狱中或者在其他超现实的痛苦场景中痛哭。在套曲中，一个情人对他爱人的身体充满执念，将它看作他周围世界的映像。普朗克称，他是以“普鲁斯特”的方式触发了童年回忆后开始写作这些歌曲。为了寻找灵感，普朗克在巴黎巴士底区的多梅尼勒大街上四处晃悠。突然他看到了一个超现实的画面“树中的一个火车头”，这是高架铁路的一部分，是他从巴黎到诺让要坐的火车。普朗克在孩童时对巴士底的高架铁路感到十分惊奇，那条铁路在大概两层楼左右的高度，藏在树荫中。见到了这样的超现实画面，普朗克想起了前沿的超现实主义诗人保尔·艾吕雅，他曾试图为他的诗歌写曲，他开始自言自语地念诵诗歌《祝你有好的一天》。那个夜晚，他开始

了这部套曲的创作。

对于最后一首歌《我们度过了夜晚》，博纳克说："我们一定要想象一对情人在床上紧紧挨在一起，关掉了灯，'开始度过夜晚'，男人'握住女人的手'，'用尽他所有的力量支撑她'……"普朗克如此诚挚细腻地刻画这样的场景，可谓是让人感到意外。他作为一个爱情歌曲的作曲家出现，和 W. H. 奥登出版了他的《放平你沉睡的头，我的爱》时一样，让人一样讶异。奥登的诗可以和《我们度过了夜晚》互映，都是那个年代最美的爱情诗歌。普朗克肯定了人类情感的力量，而他和雷蒙·德图什持续的关系可能是这种新的抒情性的来源，尽管未被提及。歌曲的创作中并没有表现一个同性恋作曲家将歌中的性别进行转换是无意义的，像有评论家声称马赛尔·普鲁斯特所做的那样：他在书中将自己所爱的"阿尔伯特"换成了"阿尔贝蒂娜"。在《如此一天，如此一夜》中，异性恋的爱得到了充分的表达，甚至连标题都对 101
称地使用了阳性词语"le jour"（白天）和阴性词语"la nuit"（夜晚）。普朗克和诗人感同身受，创作出男女间肉体之爱最美的颂歌之一。因此，他凭借天赋同样可以创作出感人的宗教音乐也就不足为怪了。

普朗克强调演唱《如此一天，如此一夜》需要保持冷静，这对他 1937 年创作的《G 大调弥撒》（无伴奏四声部合唱）也是一样的。《弥撒》有五个乐章：《慈悲经》《荣耀经》《圣哉经》《降福经》和《羔羊经》。少了《信经》[1]乐章，非常惹眼。有评论猜测普朗克之所以在弥撒中不加入《信经》是因为他"被一种非常强烈的信念所指引，以至于他认为根本不需要表达出来"。但是也可以同样猜测他不加入《信经》是因为他成为信徒时间还很短，还不那么确定，或者仅仅是因为在这部短小的《弥撒》中，没有写进的部分和留下了的部分令人同样惊讶——《G 大调弥撒》中没有乐队，甚至连管风琴伴奏都没有。尽管是男女声共同合唱，但是《弥撒》中由女高音主导，和《黑色圣母的连祷文》中相同。宗教

① 传统弥撒仪式中《信经》是其中应有的一部分。

敬拜在普朗克的音乐想象中，只是虔诚村妇的事。

开头的《慈悲经》有强烈不和谐的和声，普朗克说，这是为了表现过去未受洗礼的人也可以和教士一起吟唱。毫无修饰的无伴奏嗓音表达出普朗克在前往罗卡马杜尔的朝圣者身上看到的那种原始的信仰样貌。普朗克在创作生涯伊始受到非洲音乐节奏的影响，二十年后，他在《连祷》和《G大调弥撒》中，他在天主教仪式最为凡俗的部分里寻找到了一种新的狂野。

《荣耀经》标记为“非常活跃”，是一首战争进行曲，是1930年代在法国流行的激进天主教的风格。由作家莱昂·布鲁姆和莱昂·都德（Léon Daudet）领导的法兰西行动运动（Action Française），激进地把天主教和法西斯主义、民族主义和反犹太主义打包在一起推广。尽管普朗克无论如何都不是个政治家，但是他充满力量的弥撒可能还是反映出了当时天主教的一些风气。

102 《圣哉经》标记为“非常有流动感，甜美而愉快”。普朗克说，当他写作这个乐章的时候，所想象的是贝诺佐·戈佐利（Benozzo Gozzoli）在佛罗伦萨美第奇-里卡迪宫中的一幅壁画，画中的天使们互相吐着舌头。他说《圣哉经》的音响效果是“钟声般的声音”。《降福经》标记着“冷静而缓慢”，但保持了愉悦和活力。普朗克很显然在努力表达他从宗教中感受到的吸引力，想要以最有魅力的方式表现福音派。

最后一个乐章《羔羊经》由女高音在很高音域的独唱开始，这样的独唱为后来的作品《荣耀经》和《圣母悼歌》增添了极大的美感。当合唱团开始唱“miserere nobis”（怜悯我们）时，他们的请求感人而羞怯，似乎是在不好意思地笑着请求一位亲爱的朋友。《G大调弥撒》成为了专业合唱团的经典曲目，特别是在英国和美国。美国作曲家阿隆·科普兰在杂志《现代音乐》上评价了一个1938年的录音：“仍然那么丰富，仍然那么有魅力，仍然那么富有音乐性，这部《弥撒》一点都不严厉、禁欲。相反，它的演唱应该像在法国南部一座阳光灿烂的教堂中那样，朴素而纯净。”

右图为极端怪异又富有的双性恋爱德华·詹姆斯（1908—1984），他向普朗克委约了一系列画作（由达利创作）和音乐作品（普朗克的《无情》）。

普朗克的下一部作品在很多方面都有些倒退。《无情》(*Sécheresses*)

是一部写给混声合唱队和大型乐队的康塔塔，歌词取自超现实主义艺术收藏家和打油诗人爱德华·詹姆斯（Edward James）的四首诗。普朗克接受这部委约并不是因为他喜欢詹姆斯的诗，而是因为需要赚钱。詹姆斯给的价格几乎是维娜瑞塔·辛格在1938年付给管风琴协奏曲的委约费的两倍：两万法郎（辛格只付了一万二千五百法郎）。这个作品同样可以让普朗克有机会为乐队和合唱写作，他自《母鹿》中不尽如人意的合唱间奏之后就没有写过这个类型的作品了。

《无情》由四个乐章组成：《蚱蜢》（*Les sauterelles*）、《被抛弃的乡村》（*Le village abandonné*）、《虚假的未来》（*Le faux avenir*）和《海的骨骸》（*Le squelette de la mer*）。这部作品阴沉而粗粝的声音在普朗克后来的一些作品中也有出现，包括《圣母悼歌》《加尔默罗会修女的对话》和《大日课应答歌七首》。《无情》中的所有技巧让人感觉作曲家想要把柏辽兹的整本《配器法》都扔给观众，这样观众就听不见合唱唱的是什么词了。

104

普朗克把《无情》的开头称之为"燃烧的长颈鹿"风格，灵感来源于萨尔瓦多·达利。总的来说，这部作品有种"急于成为经典"的味道，在今天看来并不怎么好。詹姆斯主意多，爱指手画脚，给这部作品提了很多很多意见，普朗克自觉很丢脸地向一个朋友承认："我听从了詹姆斯，因为他…给我…钱让我写这部作品。我想讨他高兴。你也看到结果了。"在最后一个乐章，詹姆斯建议普朗克在歌词"écoutez-moi"（"听我说"）后加一段乐队部分。为了努力讨好他的赞助人，普朗克同意了，但是后来又删掉了。他对自己的让步感到很愤怒，说这个效果就好像一个男人说"听我说"，然后离开房间十分钟之后才回来解释。巴黎观众期待一个新古典主义的精彩作品，结果看到了一部宏大沉重的乐曲，反响冰冷。当普朗克想要毁掉这部作品时，奥里克说服了他，让他意识到这部作品失败的一个原因是因为他没有依靠自己对诗歌韵律的感觉。《无情》的例子表明，普朗克和他所谱曲的诗歌的作者建立私人关系是多么重要。

尽管普朗克在创作《无情》时想的是达利的超现实主义，但他觉得达利并不那么具有原创性。他有一点点同情加拉，她从丈夫保尔·艾吕雅那里出走，和达利同居。

普朗克多年前就决定了他更喜欢为他真正认识的在世作家谱曲。并且，和舒伯特一样，他选择一些诗词的原因是因为他喜

欢作者。朋友的一首好坏参半的诗是一件未完成的作品，需要加入音乐让它活起来。创作音乐时，普朗克会激活那些原本潜在的东西，这也是友情的最好见证。这也可以解释他为什么会为并不出名的诗人路易丝·德·维尔莫兰(Louise de Vilmorin)写了那么多歌曲。她善于勾引男人，写的诗忸怩而诡异。

她的诗出现在普朗克的三部套曲中：《三首诗》(*Trois Poèmes*，1937)、《玩笑婚约》(*Fiançailles pour rire*，1939)和《变形》(*Métamorphoses*，1943)。普朗克称在她的诗中找到了“一种敏感的粗俗无礼、纵欲和胃口。我在非常年轻时，曾试图在和玛丽·洛朗桑合作的《母鹿》中表达这些”。

大家都叫路易丝“露露”。她去世时是安德烈·马尔罗(Audré Malraux)的伴侣。她的脚有些跛，这既让人对她心生同情，又让她有着飘然的优雅。也有人认为她的魅力不及普朗克。伊芙琳·沃(Evelyn Waugh)在“二战”刚结束时见过她，对南希·米特福描述她：“一个匈牙利女爵想假扮成法国诗人。一个自私自利的疯子，有着巫婆的眼睛。她是法国的精神。我真是 10
太讨厌法国了。”南希·米特福回复：“亲爱的伊芙琳，噢，我是多么高兴你对露露是这种感觉啊，我根本没法和她待在一个房间里，她让我觉得特别紧张。而且她充满恶意……她更像是个中欧人而不是法国人。”

维尔莫兰的诗让普朗克可以重返1920年在蒙特卡罗为佳吉列夫准备《母鹿》时的那般田园生活。普朗克还没到四十岁，就有了老年人才有的怀旧情结。他为她创作的第一部作品《路易丝·德·维尔莫兰的三首诗》(*Trois Poèmes de Louise de Vilmorin*)，在1938年由作曲家本人和玛丽-布朗什·德·波利尼亚克首演。三首歌分别是：《童话男孩》(*Le garçon de Liège*)、《彼世》(*Au-delà*)和《白色卫队的军官》(*Aux officiers de la garde blanche*)。在前两首中，普朗克试图写出一种“心跳过速”的钢琴部分来表达狂野浪漫的欲望(《童话男孩》应该被演奏得“眩晕地快”)。第三首歌则相反，更严肃而忧伤，伴奏部分模仿吉他的效果。维尔莫兰常常在聚会中悲伤沉重地表演《白色卫队的军官》。

路易丝·德·维尔莫兰在战争爆发时和她的丈夫住在匈牙利，普朗克便创作了以她的诗为词的最重要的套曲《玩笑婚约》，作为纽带和朋友情感维系的方式。这部套曲是对舒曼的《妇人的爱情和生活》的回应，由女声演唱。两部作品都有一种天然的宠溺（有时候还有点淘气的伤感）。维尔莫兰对于人生和骑士之爱的态度和舒曼的十九世纪浪漫主义并无太大差别。《玩笑婚约》包含六首歌曲：《安德烈的女友》（*La Dame d'André*）、《在草丛中》（*Dans l'Herbe*）、《悄悄溜走》（*Il Vole*）、《我的尸体同手套般柔软》（*Mon Cadavre est doux comme un gant*）、《小提琴》（*Violon*）和《花儿》（*Fleurs*）。这部作品描绘了一个幻想破灭的上流社会女子的哀叹，而普朗克的叙述者高高在上而又尖酸地把她的订婚称为一个玩笑。刺耳的音响重现了雷蒙·里诺西埃的机智——她十年前拒绝了普朗克的求婚，后者当时的态度如此认真。语言笨拙，过于精练而又缺乏说服力。诗人说道："我的尸体像手套一样柔软……而我的双脚是大山。"普朗克对一个朋友说《玩笑婚约》和之前的《三首诗》有着截然不同的音调。它有着深深的忧郁和抒情。最后一首《花儿》催人泪下，或者至少能让人落泪……"

《我的尸体同手套般柔软》把肉欲和病态的主题混合在一 107
起，普朗克刻画出阴郁的旋律，却只把重点放在了死亡上。《小提琴》是维尔莫兰对匈牙利吉卜赛小提琴的致敬，匈牙利是她丈夫保尔·帕尔菲伯爵（Count Paul Pálffy）的故乡。这首歌被普朗克转变成了诺让舞厅的风格。

普朗克一开始打算让《玩笑婚约》成为《如此一天，如此一夜》的女性对应版本，但他很快就意识到这部作品在质量上无法与先前的套曲匹配。在一开始的结构规划中，他把歌曲按照不同的情绪来放置。他有时候会花上好些年来加工一条旋律。他描述了自己最早是如何规划这部套曲的："1.《安德烈的女友》2.沉重些的旋律 3.活泼的旋律 4.《我的尸体》5.无忧无虑的旋律。"他一开始计划把《花儿》作为第二首，但是后来决定放在结尾——在一首调性不同的歌后面会更好，互相映衬。普朗克在原计划之后又加上了《小提琴》，这样总共有六首歌。

《玩笑婚约》由作曲家本人担任钢琴伴奏，女高音为热娜维耶夫·都兰(Geneviève Touraine)，作品于 1942 年 5 月在巴黎首演。这部套曲经常被演出和录音，虽然普朗克本人觉得它“造作”。一部为女性而作的声乐套曲在流行的古典乐曲中很少见，而普朗克的其他套曲，例如《如此一天，如此一夜》，很难搭配女性的嗓音。

《阿波利奈尔的两首诗》(*Deux Poèmes de Guillaume Apollinaire*，1938)相对于维尔莫兰的套曲无论从哪方面来说都是一个进步。这套歌曲中的《在安娜的花园中》(Dans le jardin d'Anna)和《无情》截然相反，在《无情》中音乐是用来掩盖歌词的粗制滥造。而这首歌曲中普朗克认真雕琢每一个细节，以一种自然的方式重现了他非常熟悉的阿波利奈尔的世界。这首诗表现的是爱情，但也有反讽的语句，比如“不幸的是，我碰巧是个德国人”，这个语句在 1938 年时十分应景。由于这首歌包括很长的一系列的画面，普朗克要求应当以严格一致的速度来演唱。这套 1938 年的诗歌的第二首《再快些》(*Allons plus vite*)展现出一种充满了悲伤痛苦情绪的城市图景。标题表现出大街上一位顾客急切地带着一个妓女前行，并不断催促着她。

108 1939 年普朗克又根据阿波利奈尔的诗作创作了另外一首歌《矢车菊》(*Bleuet*)，作为他的反战宣言。这首诚挚的歌曲描述了一名“对死亡了解得比对生命更多”的年轻战士，和另外一首阿波利奈尔的《蛙塘》(*La Grenouillère*)创作于同时期，《蛙塘》讲述了美好的青春已然消逝，“蛙塘”是个岛名，这座岛位于巴黎塞纳河上，一个世纪前人们到了周末就会来此吃饭、跳舞、狂欢，就像雷诺阿在他著名的画作《游艇上的午餐》描绘的那样。这首歌的节奏，如普朗克所描述的，来源于狂欢的人群所坐的独木舟互相撞击的声音。他希望保持一种柔和的气氛，不让“胸部肥硕的女人和卷心菜一样愚蠢”这样的词句引人发笑。

另外一首根据艾吕雅的诗写的《甜美的小脸》(*Ce doux petit visage*，1938)，也表达了对过去的思恋，又有着对战争的预感：“青春，在生命出现前就已消逝。”普朗克相信，这首歌所拥有的透明质感来源于他在努瓦宰所用的普雷耶钢琴(Pleyel)，这架

右图：由普朗克拍摄。画家玛丽·洛朗桑摆出了一个慵懒的姿势。

钢琴的音质远比拉威尔声音干枯的埃拉尔(Erard)和德彪西声音顺滑的贝希斯坦(Bechstein)要柔和。另外两首诗组成了套曲《灼热的镜子》(*Miroirs brûlants*,1938):《你看到夜晚的火焰》(*Tu vois le feu du soir*)和《我将提名你的额》(*Je nommerai ton front*)。第一首歌这样叙述道:"你看到美丽的孩子,当他玩耍,当他微笑……"渴望有一个家庭的普朗克把宠爱都放在了他朋友的孩子身上,怀念孩子所表现出的纯真。(人们年纪大了之后,所剩下的只有童年时恶魔的那一面,就像《假面舞会》中的一样。)当在《你看到夜晚的火焰》中出现"美丽的孩子"时,和声烘托出一种圣洁的氛围,就像普朗克后来的宗教经文歌中描述的基督诞生时一样。普朗克说他尊敬在祈祷文和音乐中体现出的谦逊,他会被孩子式的脆弱敏感所打动。

普朗克强调,演唱《你看到夜晚的火焰》时一定要保持相同的速度,因为它具有很长的一系列连续的画面感,同另一首阿波利奈尔的《在安娜的花园中》情况相似。在这首艾吕雅的长诗中,他尽力避免单调,写了富有独创性而变化丰富的钢琴声部来搭配非常简单的声乐旋律。普朗克反复斟酌细节,比如在"*à* l'été qui la couvre de fruits"这句中,"té"音节在一个很高的音上,他担心这会对歌唱家造成困难,因为"té"通常是在喉咙收紧
110 的情况下发出的,而歌手需要敞开、放松的喉咙来唱出高音。但是在询问了博纳克后,普朗克还是保留了这个高音。

普朗克从这些精雕细琢的小作品转向了他最大规模的作品之一——管风琴协奏曲。创作这个作品的原因之一是他的经济问题,因为歌曲创作无法保证稳定的收入。普朗克祈求波利尼亚克王妃再委约他一部作品,而维娜瑞塔回答说她只能支付之前的一半薪酬,"因为卢瑟福先生,我现在的音乐预算大幅减少了"。她让普朗克给不常用的乐器写曲子,最好是她的卡瓦耶-科尔(Cavaillé-Coll)管风琴。他给这部作品标记的时间是"1938年4—8月",大概是为了追溯那一段看上去和战争更接近的时光,但第一版于1936年完成。普朗克的管风琴协奏曲很受观众和唱片公司喜爱,因为这部作品展现出管风琴的所有表现力。管风琴是独奏乐器中最响也最歇斯底里的,这首协奏曲充分表

现了这一点，然而其中也有安静的、小幅度、小风琴般的段落，像《黑色圣母的连祷文》中的一些伴奏部分。

普朗克热衷参加管风琴演奏家的音乐会，特别是马塞尔·迪普雷(Marcel Dupré)举行的。迪普雷“统治着”圣叙尔比斯教堂的管风琴。普朗克曾经向首演了他的协奏曲的莫里斯·迪吕福雷(Maurice Duruflé)询问，怎样才能做出那种教堂里的管风琴常有的“缓慢不变的嗡嗡声”。波利尼亚克的音乐顾问——吓倒了一代代的学生、高大魁梧的娜迪亚·布朗热“小姐”，也给了普朗克关于管风琴的建议。她自己的管风琴老师阿尔伯特·史怀泽(Albert Schweitzer)和作曲家路易·维尔奈(Louis Vierne)是当时巴黎最为出色的管风琴家，这些演奏家在每首乐

下图：普朗克正在和达利、埃提纳·德·博蒙伯爵夫人喝酒吃饭。和他的朋友奥里克一样，普朗克在高层社会的社交上花费了许多夜晚，向那些无所事事的有钱人炫耀。

曲中都燃起了激情的火焰。他们的录音诠释了普朗克在他的管风琴协奏曲中想要有的宣泄——这首协奏曲毫无保留地释放出焦虑和惊恐。

当选择了管风琴作为独奏乐器，普朗克又回到了他传统主义的父亲对十九世纪法国管风琴学派主导人西撒·弗朗克的敬仰。但是普朗克拒绝使用他在《乡间协奏曲》和《双钢琴协奏曲》
111 中使用过的传统的三乐章协奏曲曲式。相反，他参照《晨曲》的结构，用“利切卡尔”(Ricercar)的曲式写了一系列互相交错的乐章。(利切卡尔是一种十六、十七世纪的曲式，主题会以各种方式进行变奏、伪装。)

普朗克在抛弃了传统的快—慢—快乐章曲结构后，让情绪随波逐流，难以找到方向。在作品中重复开头的，一些旋律并不能带来对称感。普朗克称即将到来的战争为“恐怖的龙卷风”，而管风琴协奏曲试图创造一个美的龙卷风，在并不是歌剧的前提下尽可能具有歌剧的特征。管风琴是人类嗓音巨大的延续，有着无尽的风声、音量和力度范围。普朗克表示：“我并没有想
112 为巴黎圣母院写一部华丽庞大的《感恩赞》。”但是管风琴协奏曲写得十分壮丽，是普朗克为教堂演出而作的作品中最常上演的。作品以号角声开头，让人想到巴赫的幻想曲，然后是亲切的意大利风格的弦乐声和滚动的鼓声，管风琴突然出现异常震撼，变幻出了死亡张开的血盆大口。第二乐章快速的旋律急匆匆地向前冲，但是却找不到方向。茫然苍白的外表在执着地重复的有限的主题中更加明显。管风琴协奏曲被大众认为是一首闪亮的炫技作品(就和圣-桑的《“管风琴”交响曲》一样)。但是普朗克的作品比这要复杂，因为作品中有一种明显的要走向灭亡的倾向。

就在协奏曲完成不久，维娜瑞塔·辛格离开法国去了英国。作为一个美国人，她在那里会安全一些。普朗克再也没有见过她，因为她在 1943 年于流亡中死去。她在死前宣告：“像我这样一个老妇人，面对看起来一切都要终结的时刻，我声明，我始终热爱音乐、绘画、书籍，超过一切，而且我是对的！”

在歌剧般的《管风琴协奏曲》之后，普朗克有了创作歌剧的灵感。他和他好友达律斯·米约一起与亨利·索盖的剧本作家

阿尔芒·吕奈尔(Armand Lunel)讨论了新作品的规划，并建议卢奈尔去研究一下威尔第《奥赛罗》的剧本，“因为在那里面真的发生了一些事情”。普朗克也考虑过巴尔扎克包含女同性恋主题的《金目少女》(*La Fille aux yeux d'or*)，还有司汤达的《艾蕾》(*Abbesse de Castro*)，因为它有历史浪漫主义的氛围，舞台效果也会不错。后来他们还讨论把拉伯雷的《巨人传》改为《卡冈都亚的青年时代》。但是在当时，契合时代情感的宗教合唱作品是普朗克最主要的计划。在听了米约两部悲剧性作品《和平康塔塔》(*Cantates de la paix*)和《双城》(*Deux Cité*)的首演后，普朗克开始为圣周[1]创作四首经文歌，对于这些作品他希望和曼特尼亚[2](Andrea Mantegna)的画作一样，是绝对写实。这部《为忏悔时而作的四首经文歌》(*Quatre Motets pour un temps de Pénitence*，1938—1939)在音乐上的榜样是托马斯·路易·德·维克多利亚(Tomas Louis de Victoria，1548—1611)，普朗克认为他是“音乐十字架上的圣约翰”。

第一首经文歌《恐惧与震颤》(*Timor et tremor*)以武加大译本拉丁文圣经的《诗篇》第 54、56、30 篇为词：“恐惧战战兢兢归到我身，惊恐漫过了我。神啊，求你怜悯我……”这个乐章的感 113
情基调从痛苦逐渐转向了信仰的平静。第二首经文歌《我选择的葡萄园》(*Vinea mea electa*)由以赛亚书中的一个段落而来，以相反的方式推进，开头标记为“慢板，温柔的，带着忧郁”，然后慢慢爆发出痛苦的力量。拉丁文歌词问道，“为何精心选择、种植和照料的葡萄树，会结出苦涩的果子?”“我认真地劳动了，为何这样的事要发生在我身上?”这首经文歌所提出的问题，适用于任何一个在葡萄园里悉心耕种的人。(普朗克在努瓦宰也种葡萄，他花园里的葡萄可以酿出金色清澈的酒。)后两首经文歌是关于基督受刑的。第三首《黑暗》(*Tenebrae factae sunt*)谴责了犹太人杀戮耶稣——直到在第二次梵蒂冈大公会议，这一直是犹太人背负的罪名：“犹太人杀害了耶稣时，世界一片黑暗，在那

[1] 复活节前的一周。

[2] 十五世纪意大利画家，擅长透视法。

九个小时中，耶稣高声呼喊：‘主啊，你为何抛弃了我？’” 1938 和 1939 年，很多法国人都反对“为了拯救犹太人”而参战的想法。这并不是一个指责犹太人杀害基督的好时期。第四首经文歌以耶稣在客西马尼园中的话语结束：“Tristis est anima mea”（我的灵魂十分悲伤），声称“人子将被出卖到罪人的手中”。作曲家用女高音来表现这首清唱曲中的苦痛。

在这些为圣周而作的宗教作品中，普朗克展示了在历史和宗教的背景下，法国和欧洲其他地区正在遭受的悲剧。作品中悲伤和挫败的氛围，尤其是在“我的灵魂十分悲伤”中，接近非裔美国人的一些灵歌，给人留下的印象是经历过“一战”，如今看到“二战”到来的法国人的那种消沉、无能为力的恐惧。除了恐惧部分之外，普朗克的作品还是保持了其柔美。

同样符合时代氛围的作品还有《为和平祈祷》（*Priez pour paix*）。普朗克为这首歌写了四声部的伴奏，歌词作者为十五世纪的诗人奥尔良公爵查理一世。普朗克在 1938 年 9 月一天早上在《费加罗报》上读到了这首诗的选段，然后决定为它谱曲，对一个在乡下避难的祷告者来说，很适合。

114 《四首经文歌》和《为和平祈祷》透露出作曲家对人性的未来失去了全部的信心。普朗克还在担心后世会如何看他的作品。1939 年，他匆匆记下了对自己的一些歌曲和其他作品的想法。《我的歌曲日记》（*Journal de mes mélodies*）缘起于 1939 年 11 月 3 日他的作品在被糟糕地演绎。正如书中一开始写道：“真是可怕的一天！收音机里的一位女士刚才喵喵叫了整整十五分钟，那些歌好像是我写的！”在对自己的未来感到不安时，又被这样的演唱吓到，于是普朗克开始写下他的歌曲应当如何被诠释。断断续续写成的《日记》（*Journal*）记录了回忆、想法和趣闻。如果不是因为 1939 年遭遇了极端的困境，他是不会写这些的。作为一个完全脱离社会的人，普朗克在他 1930 年代后期的作品中表现出了极大的恐惧感，这是显而易见的。

5

普朗克在战争时期 1940—1945

普朗克为了避免看到德国军队踏入凯旋门这样的场景，在“二战”时远远地躲到了他在努瓦宰乡下的家中。

永远都无法知道我欠了艾吕雅多少，欠了博纳克多少。要感谢他们为我的声乐作品注入了抒情性。首先，因为有他温暖的意象；其次，要感谢他对音乐过人的理解，以及最重要的，他所教会我的歌唱的艺术。

——弗朗西斯·普朗克

《我的歌曲日记》

（*Journal demes mélodies*）

普朗克在战争时期 1940—1945

116 战争即将到来，普朗克尽可能地无视它。在三十年代末期，他最为担忧的是自己是否能成为一个“伟大”的作曲家，这已成为他越来越深的执念。他在给玛丽-布朗什·德·波利尼亚克的信中写道：

“一个人如果想成为伟大的音乐家的话，就必须顺从，又要举止得当。而我现在正被这种“伟大”所带来的错乱纠缠着。我必须忍受这样的结果。”

但此时，他的创作可能会被严重地打断，“二战”的威胁可能会像“一战”那样扰乱他的工作。普朗克在 1939 年的后半年焦虑地等待应征入伍，他承认让自己深感痛苦的唯一原因是会离开他的钢琴。法国在“踌躇圆舞曲”[①]中被拖入战争，普朗克过于焦虑而无法创作音乐。他重新给《母鹿》配了器；这样，万一最坏的事情发生，这部作品能够以完美的形态留存下来。他还修订了 1932 年时写的一部为钢琴、长笛、单簧管、双簧管、大管和圆号而作的六重奏。

这部六重奏在 1940 年 12 月首演，延续了 1926 年的《钢琴、双簧管和大管三重奏》的出色之处。乐曲分为三个乐章：活泼的快板、嬉戏曲和终曲。新版的六重奏是一部温暖而活跃的作品。第一乐章像一段托卡塔，凸显出斯特拉文斯基式的古典风格。第二乐章标记为“小行板”，同样有着古典的曲式，是“慢—快—慢”的结构。标记为“最急板”的终曲是基于一个回旋曲的变奏。这部作品的有趣之处并不在于其稍加改变的古典曲式，而是架

① 一种在第二、第三拍会停顿的圆舞曲舞步，此处形容法国的犹豫不决。

构在这个简单结构上的动人的浪漫主义旋律。

作品不仅让钢琴大胆炫技，还让管乐表现出强烈的情感。
当这首六重奏由一流的、有些诗人气质的演奏家（如法国圆号演 117
奏家安德烈·卡扎雷[André Cazalet]）演奏时，作品的内涵就能充分地表现出来；但是，如果被演奏得过于“整体一致”，每个演奏家的个性无法展现，那作品就少了一个维度。从这个角度来说，这首六重奏可能是普朗克作品中最受爵士影响的，并不是因为听上去的效果，而是缘于对演奏者自由和个性的要求。

在被征召为二级列兵前，普朗克一直在阅读波舒埃（Jacques-Bénigne Bossuet）、拉封丹（Jean de la Fontaine）和波德莱尔（Charles Baudelaire）的书。他前往卡奥尔，被编入一个民兵部队。法国投降后，他返回努瓦宰乡下的家，战争期间一直待在那里。

普朗克对于战争和被德国占领的看法是以自我为中心的。作为作曲家，他需要优秀的同事和朋友，以便从他们那里获得建议和鼓励，如达律斯·米约和万达·兰多芙斯卡。但他们被迫流亡，让他很伤心。德国占领军洗劫并毁掉了兰多芙斯卡在圣勒拉福雷建造的图书馆，只因为她是一个波兰犹太人。他们还在巴黎的“大师之声”（HMV）档案馆毁掉了她和所有其他犹太音乐家的录音。这种彻底的文化毁灭让普朗克深恶痛绝。他并没有冒着自己生命和事业的风险去保护这些，但是也没有从德军的到来中赚到什么好处。

1940 年，普朗克给流亡中的米约写信说，在他参军期间，他在图尔的家遭到了抢掠。这不是真的。普朗克无疑只是想表示自己和米约有着共同的境遇，同样在遭受痛苦，尽管事实正好相反。他还跟米约说他仍然希望能够在 1941 到 1942 年访问美国，他不确定是否还能返回被占领的巴黎，但是乔治·奥里克强烈建议他尽早出行。普朗克向奥里克吹嘘说，他如果需要签证的话，自己随时可以找好朋友，钢琴家瓦尔特·吉塞金（Walter Gieseking）会帮忙，因为他是被占领的巴黎的“司令部”。

尽管普朗克并没有犯下一些同行在占领时期毫无底线的恶行，但是他对和占领者合作的态度很复杂，始终在变化。他的一

些朋友则要清楚得多：阿尔蒂尔·奥涅格完全像以前一样地写作，给持合作立场的杂志写文章，在1941年两次应德国人邀请去维也纳纪念莫扎特的一百五十年忌辰。与之相反的是，路易·迪雷在德国占领期间彻底停止了写作，他宁愿修订音乐作品，而不是在国家经历悲剧的时刻写任何新音乐。普朗克的行为则在这两者之间。他仍然在被占领的巴黎大量录制和演奏他的作品，但是他躲开了谷克多那些和纳粹的不必要的社交——谷克多因此在战后被广泛谴责。他也不赞同谷克多早期对于希特勒个人魅力的沉迷。 119

普朗克在1940年大动员时被应征入伍，尽管法国遭受了灾难性的失败，和他一起战斗的士兵们安抚了他，普朗克始终喜欢和这些淳朴的乡下人在一起，发生一些情缘。

博纳克从一开始就表现得很勇敢。他和大多数著名的法国歌唱家不同，他拒绝给纳粹控制的宣传电台演唱，因此有五年时间都失去了重要的经济来源。他在战争时期靠教学来维持生活。普朗克后来声称他在战期和博纳克的演出都只有法国音乐。但实际上，普朗克和博纳克当时在被占领的巴黎的演出节目中有日耳曼作曲家的作品，如李斯特和舒曼，还有斯特拉文斯基。

安德烈·哈利米(André Halimi)的《敌占区的歌声》(*Chantons sous l'Occupation*)是一部研究纳粹占领时期巴黎艺术的纪录片。这部纪录片的大意是，对于大多数巴黎人来讲，一切日常生活都照常进行。普朗克一开始差不多也是这样。他同意给让·季洛杜改编自巴尔扎克小说的电影《朗杰的公爵夫人》(*La Duchesse de Langeais*)创作他的首部电影配乐。电影于1942年3月在巴黎首映。后来普朗克给让·阿诺伊(Jean Anouilh)的话剧《没有行李的旅者》(*Le Voyageur sans bagages*)写了音乐，并在1944年它被改编为电影时又重新改写了配乐。1941年保罗·瓦勒里给普朗克寄了一本书，题献为"给弗朗西斯·普朗克，或是美好的合作"，为了感谢作曲家为他的诗谱写的新曲《会谈》(*Collque*)。然而很快，任何形式的合作看上去都无法进行了：1943年的维希种族法案颁布，许许多多的人消失在了集中营里。

普朗克逐渐发现，没有了犹太人，他在法国的音乐生活就没有那么有趣了。1943年他对安德烈·若利韦说："我并不是要喜

图为普朗克的摄影作品。他对法西斯主义无感，不像一些法国人，比如说让·谷克多和莫里斯·萨赫斯，他们从纳粹的长筒靴中感受到了一种兴奋。

122

爱犹太人，但我不得不说，在音乐厅里，为了让面糊膨胀起来，'犹太酵母'是不可缺少的。而且，我更喜欢霍洛维茨[1]演奏我的《无穷动》，而不是吕西安娜·德尔福吉（Lucienne Delforge[2]）的。"在整整三年里，法国没有了从皮埃尔·蒙都到雷纳尔多·哈恩的犹太音乐家，音乐界变得毫无生气。就像普朗克所指出的，如今的演出中巴黎歌剧院的乐团已经不可靠了，因为那些犹太人和其他被关押的人的位置都没有被填上。

玛雅·弗赫在六十七岁时被押送到德兰西集中营，但在玛丽-布朗什·德·波利尼亚克和女高音热尔梅娜·吕班（Germaine Lubin）的干预下被送到了集中营的医院。她们都和纳粹占领军有联系，参加过他们举行的宴会。在战后，至少吕班为此惹了不少麻烦。年老的弗赫从医院逃出，由钢琴家伊莱娜·阿依托夫（Irène Aïtoff）保护逃到安全地区，一直待到战争结束。其他的一些朋友就没有那么幸运了：作曲家和雕塑家费尔南·奥克塞（Fernand Ochsé）和他的妻子路易丝被送往奥斯维辛集中营并被杀害。

身处于所有这些悲剧之中，普朗克仍然写出了一首优雅而感伤的圆舞曲《爱情之路》（*Les Chemins de l'amour*）。这首歌是写给当时很热门的女高音伊翁·普兰通（Yvonne Printemps）的，另一首文艺复兴风格的叙事歌《致她的吉他》（*À sa guitare*）也是。《爱情之路》来源于让·阿诺伊的戏剧，其任性而平庸的歌词向圆舞曲传统表达了温柔的致敬。伊翁·普兰通奇趣的嘲弄感在和萨沙·吉特利（Sacha Guitry）和皮埃尔·费斯奈（Pierre Fesnay）的演出中被打磨得淋漓尽致——两位分别是她的第一和第二任丈夫。她的轻盈感和新鲜感很大程度上是因为她不寻常的吐字——她说："我是一个又往上又往下的女中音……"大部分演唱《爱情之路》的歌唱家都没能理解它的轻歌剧传统（这首歌向轻歌剧微微一眨眼表示了致敬），也不知道怎样传达必要的轻灵和幽默。

反面，在德军占领期间，普朗克开始回顾过去的灾难——阿波利奈尔经受的和"一战"的魔鬼致命的打斗（图为毕加索画的穿制服的阿波利奈尔）。

---

① 俄国犹太钢琴家。

② 法国钢琴家。

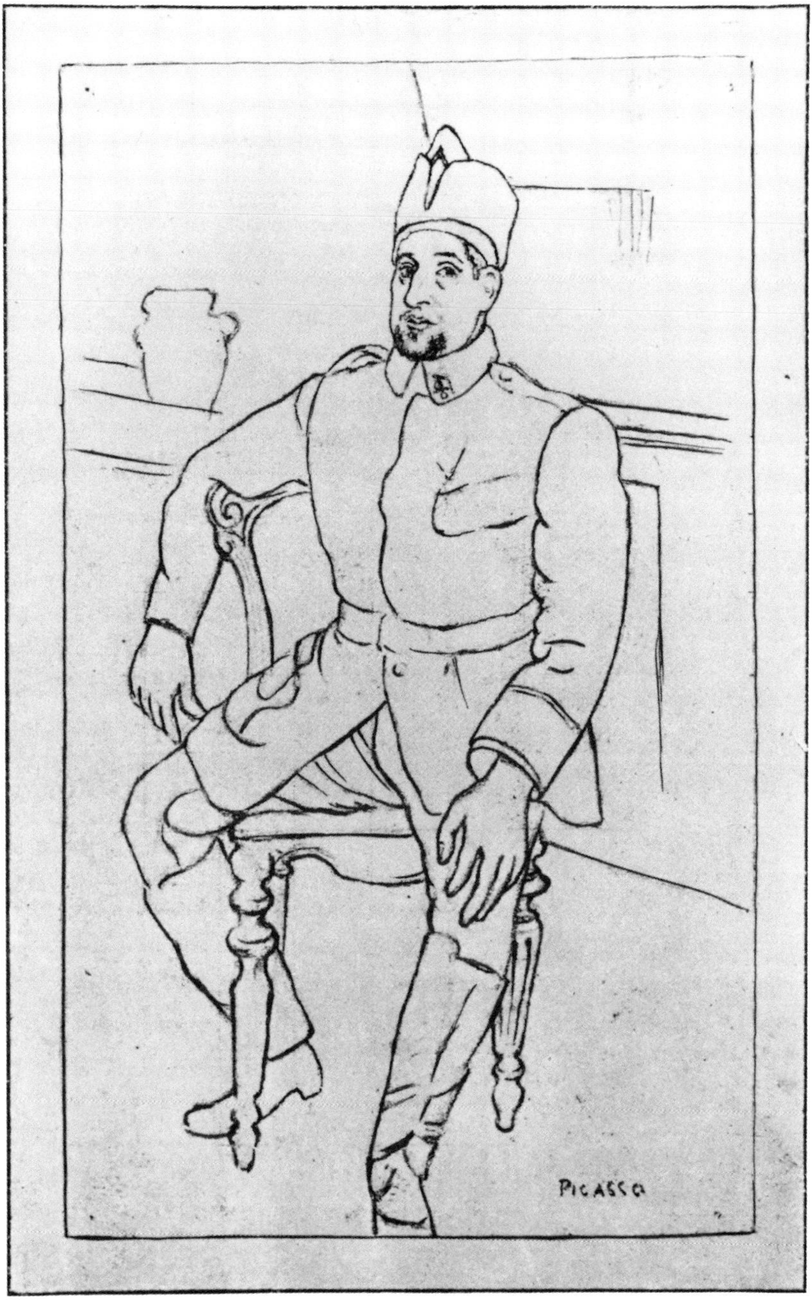
PICASSO

在战争的中期，普朗克写了他最为流行也是最常见的歌之一：以阿波利奈尔诗作为歌词的《平凡》(*Banalité*)。傻乎乎的《前往巴黎》(*Voyage à Paris*)宣告着"美丽的巴黎"！这是想要戏仿旅游广告。普朗克提到《平凡》时说："我从马蒂斯的绘画受到启发，试着从复杂的内容回归简单的线条。"就像他在《保尔·艾吕雅的五首诗》中所做的那样。在《平凡》的其中一首《旅馆》(*Hôtel*)中，旅馆房间弥漫着香烟的雾气，叙述者懒懒散散，就像
124 维亚尔或者杜飞的绘画中所表现的那样。工作狂普朗克慵懒地恳求"我不想工作，我只想抽烟"，真是发自肺腑。他还根据维尔莫兰的三首诗写了歌，以"变形"为套曲的标题，它们分别为《海鸥皇后》(*Reine des mouettes*)、《我如此了解你》(*C'est ainsi que tu es*)和《帕格尼尼》(*Paganini*)。第一首缥缈虚幻，第二首情真意切，然而第三首《帕格尼尼》突出的炫技后来被普朗克认为是个失败，他认为这样的旋律应该用来衔接一首更抒情的歌曲，而不是作为一个套曲的结尾。

六首《乡村歌曲》(*Chansons villageoises*，1942)是对战争年代更为有力的回应。这些歌曲试图发掘法国生活的核心，那是一种持续了无数年岁的生活，一种民族独有的对生活的不变态度。在图尔乡下扎下的根让普朗克有了归属感，1939年短暂的军旅生涯让他拥有了乡下的同伴，令他感到欣慰，而这套乡村歌曲也表现出作曲家对非知识分子的敬仰。歌中的音乐非常有挑战性——普朗克的旋律上下跃动幅度很大，对最优秀的歌手来说，也是有难度的。

作曲家认为《乡村歌曲》适合威尔第式的坚实的男中音演唱。在他最初的构想中，男中音应当有雄浑有力的肺部力量，而像加布里叶·巴基耶(Gabriel Bacquier)这样的歌剧男中音就很适合。普朗克评价1943年6月首演的歌手说，歌剧男中音罗热·布尔丹(Roger Bourdin)还算可以，但是他缺乏那种雄厚的身体力量。如果像布尔丹这样以歌剧为事业的男中音都无法完全胜任，那声音较单薄的博纳克只能伴着钢琴来演唱这套曲目，不然乐队会完全掩盖他。想要威尔第式的嗓音体现出普朗克对力量的追求，这并不是民俗诗人莫里斯·冯伯尔(Maurice

Fombeure)的原诗所需要的。

普朗克说这套歌曲中的《乞丐》(*Le Mendiant*)受到了穆索尔斯基《死亡歌舞》的“强烈启发”。这是乞求怜悯的哭喊,反抗那个“毫无同情心的该死的种族”。皮埃尔·博纳克评论说:“这首暴力的、充满恶意和复仇心的诗,有效地鼓舞了作曲家写出了沉重而暴力的音乐……”《乞丐》夹在一套大多显得喜庆的民歌音乐中,在音乐上和维克多·雨果对社会正义的高声呼吁相同,叙述者扮演的正是受到侵害的卡西莫多。这首歌在占领期间公 125
开演出,表达了“即使是弱小的虫子也会反抗”,在这依然危险的时刻,这是普朗克的创作中最接近法国抵抗运动的音乐。他无聊的日常生活中有一部分是要保证他在乡下也能吃得好(巴黎的有钱人在占领期间都在黑市的餐馆吃饭)。1943年8月,普朗克如释重负地大叫道:“我得救了!”因为他成功地在努瓦宰的别墅中留住了他的厨师。

同年,他在年轻的小提琴家吉奈特·内芙(Ginette Neveu)的强烈要求下开始创作一首小提琴奏鸣曲。他从1918年开始就尝试过很多次,但从来没有完成过满意的作品。男性化而有压迫力的内芙的要求让人不容拒绝。最后完成的奏鸣曲分为三个乐章,分别是“热情的快板”“间奏曲”“悲剧的急板”。“间奏曲”的本意是“有点西班牙风格”。作品题献给已逝世的费德里克·加西亚·洛尔卡(Federico García Lorca),他是反法西斯的烈士。这样的题献在战时的巴黎是个很勇敢的举动。尽管普朗克后来修订了作品,他还是不喜欢小提琴独奏的声音,他觉得作品中唯一好的部分都是内芙提过建议的部分。内芙那种男性化的决断力可能让普朗克想起了后来的雷蒙·里诺西埃。

普朗克还同意创作一部大型芭蕾舞剧,这是创作《母鹿》之后二十年来的第一次,让朋友们都很吃惊。《模范动物》(*Les Aminaux modèles*)是给巴黎歌剧院写的,基于他喜爱的拉封丹的作品。普朗克询问艾吕雅这部芭蕾应该用什么标题,艾吕雅说他受不了拉封丹,还有“他的寓言都是如此粗糙、生搬硬造,它们的道德观就像监狱,我再也不想多深入了”。普朗克看起来比艾吕雅更需要这种严格的道德观。艾吕雅是一名共产党员,一直是法国抵抗运动的活跃成员。

普朗克决定使用拉封丹的六个寓言:《熊和它的两个小伙伴》(*L'Ours et les deux compagnons*)、《蚱蜢和蚂蚁》(*La Cigale et la fourmi*)、《多情的狮子》(*Le Lion amoureux*)、《中年男人和他的两个情妇》(*L'Homme entre deux âges et ses deux maîtresses*)、《死亡和伐木匠》(*La Mort et le bûcheron*)和《两只公鸡》(*Le Deux coqs*)。普朗克发明了一个想法:寓言中的动物会重获人类的外表。浪荡的蚱蜢是个时运不佳的芭蕾女演员,多情的狮子是个爱勾引人的坏男孩。芭蕾的场景设在夏日晴朗的一天的一个农场,开场是一群农夫出发去田里,结尾是他们回来吃午饭。在结尾落幕时有一首祝福歌,这个场景是受十七世纪艺术家勒南兄弟们(Les Frères Le Nain)的画作启发而来。

《模范动物》以组曲形式写成,和《母鹿》相同,但氛围要严肃得多,例如祈祷的农夫有《黑色圣母的连祷文》中的庄重和急迫。为数不多的轻松喜剧时刻是多情的狮子跳的一段轻快的爪哇舞蹈。普朗克对于和他有亲密关系的男人所用的浪漫词语是"我的农夫",他对农夫和他们生活方式执着的兴趣在这部作品中达到了最高点。在法国,贝当元帅发起了一场运动,让人们对土地和农民重新表达敬意。就针对这种理想的表达而言,《模范动物》是一部贝当[1]式的作品。

普朗克十分喜欢"普通人""下层人",并不只是喜欢和他们成为性伴侣。他在乘坐巴黎到图尔的火车上喜欢坐二等车厢,因为他觉得在那里观察到的人比一等车厢骄矜自大的人更有趣。他在1943年7月于科雷兹(Corrèze)度假和朋友说:

"我在一个破破烂烂的店里吃着正宗且相当丰盛的食物,一个巴黎的健美教练穿着泳裤在向一个安东尼美发店来的理发师炫耀他的肌肉。理发师又胆小又害怕。这一切都在她丈夫的眼皮底下进行,她丈夫年纪不小了,看上去比较担心……雷蒙扫了

[1] 菲利普·贝当(Henri Philippe Pétain),在"二战"时期是南法未被占领地区的维希政府元首。

我一眼不准我继续看下去，他不知道我为什么觉得这家伙这么有意思！”

有些人觉得普朗克等到德国占领法国后才写另一部芭蕾很奇怪，但是也有支持作曲家的人指出他在《两只公鸡》的乐章中加入了一段古老的法国反德歌曲《不，不，你们不会得到我们的阿尔萨斯-洛林的》(*Non, Non, vous n'aurez pas notre Alsace-Lorraine*)。另外，《模范动物》的首演由罗热・德索米埃尔(Roger Désormière)指挥，他在抵抗运动中是活跃分子。然而必须要说的是芭蕾由舞团总监谢尔盖・利法尔(Serge Lifar)编舞的，他是纳粹占领军很亲近的盟友。

不管政治局势是否允许，普朗克在音乐技法上已经能够应 127
对《模范动物》的创作了。自《母鹿》之后，他又在《无情》和《管风琴协奏曲》的创作中获得了写作弦乐声部的经验。似乎是为了提醒自己在音乐上所做的准备，他在新的芭蕾中引用了一些他自己原先写的旋律，能辨识出的有《平凡》套曲中的《旅馆》和《啜泣》(*Sanglots*)，还有一些片段似乎让人想起了《母鹿》和《管风琴协奏曲》。这似乎表明普朗克作为一个作曲家已经达到了不再需要借用别人的旋律的阶段，而他可以用自己写过的东西了。在自己的全部作品中，他准确地给《模范动物》定位：“我认为这是一部位于十字路口的作品，交错着我在 1938 到 1940 年期间合唱作品的风格、肉欲的风格，还有我从 1940 到 1950 年在不同领域中所有的更为复杂的和声感。”

普朗克把这部芭蕾舞剧题献给雷蒙・里诺西埃。作品除了丰富的配器，死亡的主题也有大篇幅的展现。《死亡与伐木匠》(*La Mort et le Bûcheron*)这个乐章有意地引入了舒伯特《“死神与少女”四重奏》的旋律。但是在普朗克的芭蕾中，死神即是少女。普朗克在音乐中加入的这些复杂元素对一些观众来说并不那么容易意识到。当他的导师凯什兰称赞这部新芭蕾非常“幽默有趣”时，普朗克更看重拉封丹道德的部分以及他作为“儿童诗人”的身份，因而他哀怨地回复说，他的作品也有严肃的部分。凯什兰并不是唯一一个忽视了这部作品中不祥部分的观众。战

文章描述普朗克是一个无忧无虑的乡间作曲家，对于祖国遭到了占领也毫不在意。小说家柯莱特在一个艺术杂志上评论《模范动物》，把普朗克描述为“一个高大、瘦骨嶙峋的男人，很乡村，很愉悦……普朗克被他的葡萄树包围，住在一个巨大的、空气清新的房子里，在那里喝着自己酿的酒”。柯莱特宣扬着普朗克是一个乡村作曲家的传言，说他的灵感都来自乡土。普朗克一直都强烈地拒绝承认这一点，实际上乡村让他无聊得想哭，他只有需要冷静下来创作的时候才去那里。

阿尔蒂尔·奥涅格在听了《模范动物》后给了普朗克的审美些许安慰。他说过去在普朗克作品中能听到的夏布里埃、萨蒂和斯特拉文斯基的影响，如今已经完全融入他的作品中了。但 129
是普朗克还没有停止对“伟大”的追求。到了 1943 年，普朗克对于德军的占领越发感到焦虑，朋友的离开、不如过往的社交生活，还有时刻需要做出的道德抉择都让他感到愤怒。这种刺激在当时未公之于众的合唱作品《人像》（*Figure humaine*）中展示了出来，作品是写给战后演出的。普朗克惊恐地得知雷蒙差点被德国人拘捕送到了劳工营；尽管他的男友还是安全的，但他从来没有忘记这出险些发生的悲剧带给他的惊惧。

普朗克和小说家柯莱特（1873—1954）是多年的好友。他希望能够在 1931 年的一部电影中与她合作，要有“非常美丽的演员，因为电影是讲一场电光火石般的爱情”。但是，他们最终没能合作成。

他在《乡村歌曲》和《模范动物》中半遮半掩的愤怒感已经不再能够让人满足了。《人像》比起《模范动物》更加不向现实妥协，在标示中他写道要“愤怒地紧握拳头，咬牙切齿地唱”。普朗克后来说想写这部作品是在“去罗卡马杜尔朝圣之后”。但实际原因比这要平凡无奇得多。在 1943 年 3 月一场演出了《七首歌》的音乐会上，一个法国唱片发行人——“唱片爱好者”公司（La Compagnie des Discophiles）的总监亨利·斯科里佩尔（Henri Skrepel）找到了他，让他给艾吕雅的诗《自由》写一首合唱曲并录音。到了七月，普朗克已在六周内写完了一套完整的康塔塔，用了艾吕雅的八首诗：《全世界的春天》（*De tous les printemps du monde*）、《唱吧，仆人们已迫不及待》（*En chantant, les servantes s'élancent*）、《如静谧般低微》（*Aussi bas que le silence*）、《我的耐心的你》（*Toi ma patiente*）、《天空和行星的笑声》（*Riant du ciel et des planètes*）、《白日让我惊叹，夜晚让我恐惧》（*Le jour m'étonne et la nuit me fait peur*）、《红色天空中的凶兆》（*La ménace sous le ciel rouge*）和《自由》（*Liberté*）。这部《人像》的第一首和最后一首可以被当作“抵抗音乐”，有着如下的宣言：“在全世界的春天中，这里最丑陋不堪，”然后最终高喊出：“自由！”

《人像》是写给十二个声部的双合唱团的，尽管写这么复杂的多声部非常有挑战性，普朗克还是成功地写出一部复调精品。有些乐章听上去几乎像管风琴，还有一些像管弦乐队：有一些赋格片段，也有一些活泼的诙谐段落。而特别令人印象深刻的是普朗克在最后一首《自由》中完成的多重挑战。这是一首有二十一节四行诗的长诗，和谷克多的《斗牛士》一样，容易显得单调。然而普朗克的技艺在二十年中有极大的增长，他谦虚地说：“要写好《自由》，只要尽可能地熟悉艾吕雅的诗歌节奏就行。”歌曲有着灵活的转调，曲调精确地符合唱词，以标记着“***fff***（最强）
130 的、爆炸般的、非常宏大的”胜利和弦结束，各声部丰富地展现在不同层次上，跨越了四个八度的音域。在曲末，普朗克给女高音写了非常高的音，显现出了作品歌剧性的特点。《人像》在创作时包含了一种和声的理想模式，有极为丰富的动态和情感表达。因为演唱的难度，很少有团体演出这部作品，但是普朗克仍然拒绝给作品加上器乐伴奏，他说没有任何器乐伴奏的、独立的人声是他想要在音乐中传达的一部分内容。

《人像》题献给了帕布洛·毕加索，“我敬仰他的作品和人生”。普朗克在玛丽-洛尔·德·诺艾耶的晚宴上用钢琴弹过这部作品，还在1943年冬天专门给毕加索和艾吕雅弹过。讽刺的是，由于这部合唱是普朗克对法国抵抗运动的暗中支持，毕加索在巴黎占领期间所扮演的角色就被质疑了。在巴黎战时，他作为一个富有的外国人，过得相对来说很不错，对发生了什么事也不怎么关心。当他的好友马克斯·雅各布从监狱里写来求助信时，毕加索没有回复。他主要的长处还是不惜一切地专注于创造性的产出。而普朗克呢，在美国盟军到达努瓦宰的那天，他把《人像》放在工作室的讲台上，和法国国旗摆在一起。他希望《人像》和《蒂蕾西阿斯的乳房》能被看作是一个“十足的法国人的献礼”。

右图：毕加索给普朗克做出的战时的榜样是专注于工作，无视周围发生的悲剧。他多年的好友马克斯·雅各布死于集中营，毕加索没有给予丝毫帮助。

反战的哭喊——毕加索的《格尔尼卡》(*Guernica*)(1937)。普朗克始终钦佩毕加索的艺术和人生。

1954 年，普朗克说《人像》于 1945 年 1 月在伦敦首演，是在“二战”结束前。他解释说，他搭了一架飞过英吉利海峡的军用飞机，才成功地参加了最后的几场排练。这些回忆并不准确：英国首演其实是在 1945 年的 3 月（普朗克的确在 1 月去了英国，但是和本杰明·布里顿演奏他的双钢琴协奏曲，这在后来看上去就不是那么一个英勇的出国理由了）。在 1947 年 5 月的巴黎首演之后，《人像》就再也没在法国演出过，直到 1959 年普朗克自己在一个作品专场中安排了它的演出。无伴奏的和声对法国合唱团来说太难了，但是在合唱艺术发展得更好的美国，这部作品很快就流行了起来。

关于《人像》的种种轶事让 1944 年的另一部出色的合唱作
134 品《雪夜》不那么令人关注。这是一首根据保尔·艾吕雅的四首诗作写的六声部无伴奏合唱。普朗克所想象的是冬天旅行的场景，是对孩童时期那些在钢琴边弹唱舒伯特《冬之旅》的午后时光的回忆。普朗克给这些感人而强烈的诗歌写的音乐没有像《人像》中那么甜美，而有一种北欧的风格。四个乐章分别为：《雪之汤勺》（*De grandes cuillers de neige*）、《美好的雪》（*La bonne neige*）、《受伤的树木》（*Bois meurtri*）和《夜晚、寒冷、孤独》（La nuit le froid la solitude）。歌曲听上去很急迫，就好像因为太冷，无法从容演唱。“二战”末期的冬日的确不同寻常的寒冷，即使对于像普朗克这样少数生活优越、不缺燃料的人也一样。《雪夜》更受欢迎的形式是由六个人演唱，而不是一整个合唱团，因为歌曲给人的印象是孤独的个体在缺乏帮助的时候，勇敢地与艰难的物质条件和天气做斗争。这部作品对战争中的痛苦所表现出的同情可以和德彪西由“一战”而作的《无家可归的孩子们的圣诞》（*Noël des enfants qui n'ont plus de maison*）相比较。

另一首在德军占领期间所作的范例式的作品是根据路易·阿拉贡（Louis Aragou）诗作所写的 *C*。这位诗人是一位积极的共产党员，也是战时抵抗成员的一员，和艾吕雅一样为斯大林主义辩护。然而在他的妻子艾尔莎去世后，年老的阿拉贡变成了一个积极的同性恋平权活动支持者，在同性恋大游行中出现在一辆粉色敞篷车中，周围全是男青年。

*C*这首诗有意识地呈现出古风，非常精致，略微让人想到旧时的法国，每句结尾用同一个韵脚，符合中世纪传统。诗歌的意象混合了旧时的骑士精神和当代法国备受战争折磨的景象。*C*不容置疑地为其所处的时代发声，而普朗克的创作有着非同一般的抒情之美，尤其体现在叹词“哦，我的法国，哦，我被遗弃的人”(O ma France, o ma délaissé)中。1945 年，评论家弗雷德里克·歌德贝克(Frederick Goldbeck)指责普朗克把阿拉贡的诗作烘托出了十九世纪浪漫主义的氛围。作曲家回应说诗作本身就非常地浪漫主义，“离缪塞更近，而不是波德莱尔”。和艾吕雅相比，阿拉贡是个“轻量级”的诗人。凯什兰对这部作品更有热情，他对作曲家说“*C*唱出了我们受伤的祖国的灵魂”。

和其他事情一样，古典音乐的节目编排要考虑到历史形势。135
在诺曼底登陆后的第二天，普朗克给博纳克写了一封信。博纳克此时正在琢磨他们将要在 1944 年冬天于巴黎演出的舒伯特艺术歌曲，普朗克敏锐地指出下一年要么不会有音乐会了，要么就不可能唱德国歌曲，所以还是谨慎一些，考虑鲍罗丁或者米约的歌曲。

1944 年 11 月，米约在《现代音乐》杂志上登稿说：“我现在知道普朗克、路易·迪雷、乔治·奥里克和罗热·德索米尔都活跃在抵抗运动中。”他提到普朗克的部分并不是事实，只是一个善意的夸大。米约知道普朗克一直很关心自己的妈妈。他妈妈在战争中成了寡妇，独自住在马赛，为她流亡的儿子担心。战争一结束，普朗克就尽力让米约的回程顺利一些，还发表了一篇文章赞扬米约的作品，组织米约作品的音乐会。

战争年代让米约感到很痛心，他没有立刻返回法国，尽管普朗克很努力地在让他回到巴黎。当他回来的时候，身体状况已经很差了——风湿性关节炎让他很快就只能坐在轮椅上，甚至卧床不起。1947 年，他成为了音乐学院的教授，有时候不得不躺在自己位于克里希大道的公寓的床上给学生上课。尽管米约仍然是个优秀的音乐思想家，但他越发不加选择的创作欲望还是让朋友们很难过。

在和雷蒙回到乡下的日子里，普朗克也受到了风湿病和关

ABRÉGÉ DU
CAPITAL
Staline
TRAITÉ
DE
SCIENCE
OCCULTE

节炎的困扰，他用顺势疗法和对抗疗法来治疗。他抱怨说图尔如何“杀死”了他：“我在这里工作，总是像在监狱里似的，梦想着能够去那些美好的地方，比如蒙特卡罗、诺让、夏帕尔大道(boulevard de la Chapelle)等。”在战争接近结束时，普朗克有一点点羞愧，因为在他的朋友们遭受巨大痛苦时，努瓦辛却毫发无伤。1945 年，他给八首《法语歌曲》编配了和声，这些古老的歌讲述的都是美丽的少女和英俊的劳动者，单调、重复、冗长。普朗克想要成为一个民族作曲家的尝试并不成功，因为和《乡村歌曲》不同，这些民俗性的歌词中完全没有隐藏的深刻意义。

在 1936 年的这幅有些预言性质的漫画上，诗人路易斯·阿拉贡一身珠宝，长长的指甲显得神秘莫测，还表现了他是马克思主义和超自然科学的崇拜者。

雷蒙的陪伴宽慰了普朗克——他形容他的陪伴像“忠实的狗”。他重拾起战争刚开始时搁置的一个作品：阿波利奈尔《蒂蕾西阿斯的乳房》(*Les Mamelles de Tirésias*)的歌剧版本。他希望能在其中把忧郁和狂野的闹剧结合在一起。法语的“Mamelles”并不是“乳房”这个文雅的译法，而是“奶头”，通常用于动物。他希望作品能够逗观众乐，但是也要有抒情温柔的片段。这部两幕歌剧总长不到一个小时。剧情描述了一个赞齐巴尔的女性特蕾莎想要成为一名女权主义者，能像男人一样工作。她的乳房是玩具气球，飘到了房顶上。她长出了胡子，暴怒地把她穿着女装的丈夫绑了起来，并说服其他女性都不要生孩子。阿波利奈尔称他的戏剧为“超现实主义戏剧”。但是作品的大部分是在 1903 年完成的，正式的超现实主义运动很久之后才开始。阿波利奈尔跟普朗克都有一种孩童式的性别理想，充满对性别无关紧要的儿童时期的向往。 *137*

普朗克对这部作品认真投入的关键是幕间音乐的钢琴声部，里面满是格里格和柴科夫斯基作品中的和弦。和《晨曲》一样，普朗克的钢琴声部写得像是给他自己演奏的，具备许多吸引人的个人风格，有一种独特的情趣。歇斯底里的全剧有丰富多样的舞曲伴奏，包括华尔兹、波尔卡、西班牙舞蹈的节奏。但是音乐中也存在着深层的情感，普朗克后来声称他这部作品和 1950 年的《圣母悼歌》是以同样风格写的。此外，他说这部作品应该完全像演唱威尔第歌剧那样演唱，其音乐如果配上拉丁文，就是一部纯正的宗教清唱剧。作品的主题十分无聊，但风格是歌剧式、意大利式的。《蒂蕾西阿斯的乳房》转念之间就能从流行、好记的舞蹈旋律变成优美的意大利歌剧式的写法。

作品的开场是由剧院经理用意大利式的最大音量向观众发出宣告，让人想起普契尼的《图兰朵》中满大人高喊着："Popolo di Pekino!"（北京的人们！）。作品没有前奏曲，阿波利奈尔的一个开场场景也被普朗克删去了，他可能觉得诗人在那一幕中表达的战争景象（"我们躺在那儿，像恒星一样死去"）过于悲剧化。在阿波利奈尔的剧本中，特蕾莎在表达了她的女权主义决心后，"放声尖叫"，解开衬衣，由红蓝气球组成的乳房飞了上去，被两根细绳牵着。普朗克没有让她尖叫，而是让她发出一声愉悦的叹息"啊哈"，她轻巧地跳起了一曲华尔兹，乳房气球就飘着飞起来。她高亢的花腔女高音和古诺的《浮士德》中的玛格丽特很像。

138 《蒂蕾西阿斯的乳房》是一部综合性的超现实主义作品，和马塞尔·杜尚的最后一部作品《大玻璃》类似，都是将以往曾有的艺术风格和尝试组合起来，创造出全新的怪异表达。在阿波利奈尔的戏剧中，最怪异的事情以非常自然的方式发生，毫不引人注目。当特蕾莎的丈夫把她叫作"医屎"①，一个警察把这解释为"天鹅妈妈"②时，这场景有种童稚的幽默，让人想到阿尔弗雷德·雅里（Alfred Jarry）尖锐、荒诞的闹剧。阿波利奈尔在剧本中写了这样一段词："听着，法国人，听听战争带来的教训，然后生孩子去，你们这些从来都没好好生的家伙。"他只写了一遍，但是普朗克在歌剧里把这段词一遍又一遍地重复，还加了一段受威尔第《法斯塔夫》结尾影响的终场合唱，更强调了这一点。普朗克关于"多生孩子"的信息很有前瞻性，但是《蒂蕾西阿斯的乳房》另一方面强调的是刚刚过去的事件：特蕾莎丈夫的儿子刚出生不久，就威胁要告发和勒索他爸爸，只为了存在于想象中的犯罪行为（第二幕第四场）。这在法国无疑能引起共鸣：在德国占领法国之后不久，确实有一些儿童向纳粹控告他们的父母。

---

① merdecine，这个词为法语粗口 merde 和"医学"médecine 的混合。

② mère des cygnes，因和 merdecine 同音而被误解。

1945 年，普朗克和一个三十九岁的女性弗雷德里克有了一段恋情，她是理查德·尚莱赫妯娌的同辈亲戚，普朗克在二十世纪二十年代就认识她了。他们的女儿玛丽-安吉(Marie-Ange)在 1946 年出生。和女人生孩子的事在普朗克的同性恋圈子中并不是闻所未闻——有传闻说，谷克多在失败的同性恋情之后，为了满足自尊心，就尝试过那么一两次。普朗克把《如此一天，如此一夜》中的一首歌题献给了弗雷德里克；她此前希望自己可以保护隐私，保持匿名身份。后来成为了古典芭蕾演员的玛丽-安吉也是如此。普朗克很关心、挂念他的女儿，他以教父的身份出现，还给她写信鼓励她学好教义问答手册。普朗克对于她想成为舞蹈演员的梦想很佩服，在她十岁的时候他去找了巴黎歌剧院的经理乔治·伊尔什(George Hirsch)，关于她的教育向他寻求建议。他一直到死都和弗雷德里克是好友。

《蒂蕾西阿斯的乳房》在 1945 年完稿，但是舞台设计不得不
往后拖，因为之前的喜剧歌剧院的经理在巴黎解放后因为曾和
纳粹合作过而被解雇，此外还要找一个能够演唱高难度角
色——特蕾莎的女高音。普朗克找到了年轻的抒情女高音乔
莉·布埃(Geori Boué)，但被她拒绝了。于是他又找到了一个女 139
高音丹妮丝·杜瓦(Denise Duval)，她曾在巴黎的女神游乐厅
(Folies Bergères)演唱。他说杜瓦“像白昼般可爱，时尚而接地
气，有黄金般的嗓音”。他带她去各种派对，穿着从好友克里斯
汀·迪奥那里借来的裙子。普朗克非常热心地赞扬她是“又一
位范妮·海尔迪”(Fanny Heldy)——1920 年代的喜剧歌剧明
星。但是杜瓦在开声之前就迷住了巴黎的那些有影响力的大 140
佬。她始终否认她和普朗克是情人的传闻，说普朗克“丑得像虱
子”。普朗克则在 1947 年暗示说她更喜欢帮她制作裙子的人：
“克里斯汀·迪奥装扮了她，而且他做的可不止这个！”

《蒂蕾西阿斯的乳房》于 1947 年 6 月 3 日在喜歌剧院首演，和普契尼的《波西米亚人》怪异地拼在同一场。有些观众是来看传统作品《波西米亚人》的，却被普朗克疯狂的闹剧以及埃尔蒂(他是女神游乐厅知名的怪咖)所做的舞台和服装设计激怒了。

时尚的女高音丹妮丝·杜瓦（1921—2016）①的演唱热烈又充满魅力。这张照片是她扮演《蒂蕾西阿斯的乳房》（1947）中的特蕾莎/蒂蕾西阿斯，立刻就得到了普朗克的喜爱。

另外一些观众则觉得这么兴高采烈的氛围不适合战后情绪低落的巴黎。普朗克的音乐似乎想说明巴黎并没有改变，但是对一些人来说，巴黎已经无可挽回地改变了。

① 丹妮丝·杜瓦于2016年1月25日逝世，本书出版时她尚在世。

不过大多数评论家都为这部剧喝彩。保尔·勒·福莱姆(Paul Le Flem)写道,《蒂蕾西阿斯的乳房》开场白的分量“似乎是要宣告一件严肃的事情。这是一个伪装。就像原作的诗人一样,普朗克把他的足尖旋转暂时保留,以后再用……仿佛他要留下一些瞬间,用作回忆阿波利奈尔然后再跟随他进入现实不可能存在的世界”。这部作品和《人像》在1947年的同时出现让很多人都印象深刻。评论家亨利·海尔(Henri Hell)称,任何作曲家若能够完成《人像》和《蒂蕾西阿斯的乳房》这样两部截然不同的作品,而且“两者以各自的类型看都很完美”,就能被称为“天生的音乐家”。大众对普朗克取得成就的赞赏还在不断增长。

6

通往加尔默罗会修女的道路 1946—1953

让·德·布吕诺夫(Jean de Brunhoff)画的象王侧躺着,因为吃了坏蘑菇正在胃痛。巴巴的故事是普朗克最令人愉悦的作品的灵感来源。

轻歌剧让我觉得很有趣,但我却没有创作它的天赋。啊,这个类型现在已经变得粗制滥造、不成样子,因为我们不能忘记,成功写出轻歌剧的人要有特别的天赋,就像伟大的梅萨热(是的,梅萨热是一个伟大的音乐家),或者——要列举和我们的时代更为接近的人物的话——雷纳尔多·哈恩和路易·白依兹(Louis Beydts)。你没法即兴创造出写轻歌剧所需的技巧。所以,《蒂蕾西阿斯的乳房》的第二幕结尾,虽然有着伪装的轻歌剧的特性,但是不是轻歌剧终场。它太干巴巴,太扭曲,而且没有那么兴高采烈。

——弗朗西斯·普朗克
与克劳德·罗斯唐的对话
(*Entretiensavec Claude Rostand*)

通往加尔默罗会修女的道路 1946—1953

142 对普朗克来说，他能重新开始世界巡演的时候，战争才算真正结束。1945 年 1 月，他和博纳克在伦敦的威格莫（Wigmore）音乐厅开了一系列的声乐音乐会。在 1 月 7 日的第一场音乐会上他们演出了福雷、德彪西和普朗克的歌曲，观众起立表示对他们的欢迎。博纳克深受感动，他没有开始演唱，而是在台上开始流泪。普朗克没有浪费任何时间，立即认真投身于事业的发展：第一场普朗克专场演出于 1945 年 4 月 27 日在加沃（Gaveau）厅举行。这场音乐会大获成功，尽管普朗克在演出前后都紧张得要命。而对于朋友们，普朗克高调地向他们宣称自己在危险的年代间有多么的自律，躲开了麻烦，不像有些愚蠢的同行。他给反法西斯作曲家路易吉·达拉皮科拉（Luigi Dallapiccola）写信说自己如何谨慎地没有在占领期间妥协，博纳克又如何拒绝在纳粹掌控的电台里演唱。普朗克如此有意表现得站对立场，以至于他在 1946 年公开题献给达拉皮科拉一首歌曲，甚至都没有直接告知这位意大利作曲家他曾做过的一切。这大概是想证明他对于战时没有成为一位英雄而感到良心不安，也可能是对于所发生的一切罪行的滞后反应。

荣誉接踵而至。普朗克的一位朋友——瑞士出生的画家罗杰·怀尔德（Roger Wild）建议保尔·艾吕雅写一首诗，向普朗克致敬。诗人显然从来没想这么做过，但还是在 1945 年听从了这个建议。其中的诗句“弗朗西斯，我未曾听到过我自己……弗朗西斯，我为听到了自己而受恩于你”常常在写普朗克的书中被引用。作曲家强烈地要求艾吕雅把这首诗放进诗集中，“为了我未来的荣耀”，而他并不完全是开玩笑，但是艾吕雅一直到 1952 年去世时都没做这件事。在巴黎这样一个友谊是基于互相吹捧和赞赏的地方，这是一个巨大的冷落。

右图：普朗克所爱的诗人保尔·艾吕雅并不是那个优柔寡断、面色苍白、顽固的、常常占领法国报纸头条的共产党人，而是一个永恒的爱情抒情诗人。

VOIR

144 继续国际巡演的一个好处是有了来自国外的委约。BBC广播电台强烈要求普朗克把《小象巴巴的故事》的钢琴版本写完。有一些给儿童听的音乐会曲目，如普罗科菲耶夫的《彼得与狼》和布里顿的《青年管弦乐指南》，说教意图过于明显，而普朗克却完全遵从愉悦第一的准则——他想要听到孩子们高兴地哇哇大叫。

普朗克在朋友们面前把这部作品描述为“对小象尾巴的十二瞥”，这个玩笑是受到梅西安近作《对圣婴的二十凝视》的启发。小象巴巴来到了一座大城市，看到那些衣着华丽的人们，十分羡慕——“愉快的是，一个十分喜爱小象的富老太高兴地把她的钱包给了他。巴巴说：‘谢谢您，女士’。”在EMI出版，由彼得·乌斯蒂诺夫(Peter Ustinov)担任旁白的录音中，这个桥段十分滑稽，特别不道德，就好像普朗克的小象是个被包养的小白脸。

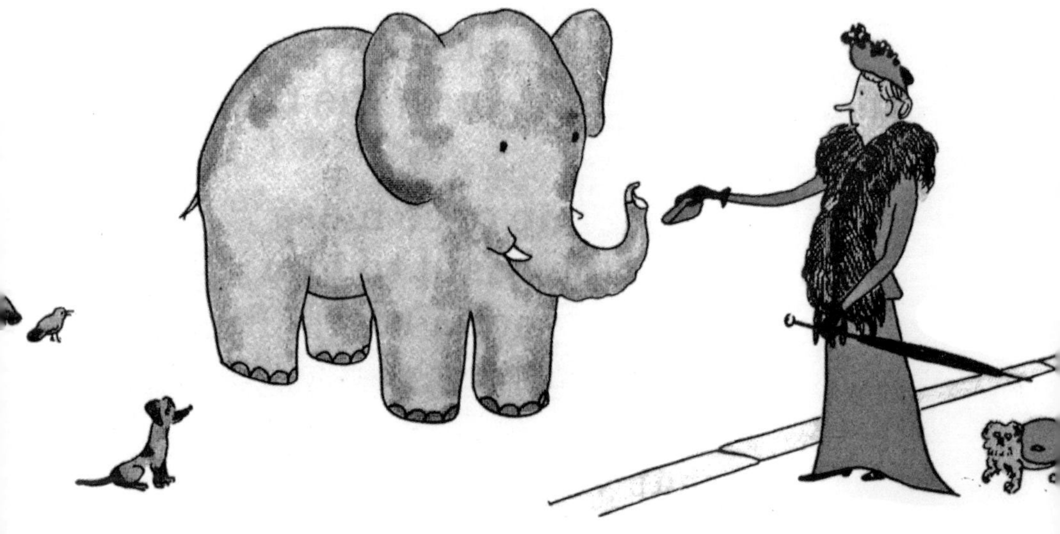

普朗克知道小孩子们喜欢钱和蛋糕，就和他一样，巴巴给亚瑟和塞莱斯特买糕点时所配的维也纳舞蹈音乐也只有嗜甜品如命的人才写得出。普朗克也很喜欢孩子气的幽默：当《小象巴巴 145
的故事》中的象王吃了一个坏蘑菇后，这个巨型厚皮动物开始胃痛，而音乐开始装腔作势地做出理查·斯特劳斯式的腔调，最终在一段吵闹的鼓点敲出的腹泻声中达到高潮。只有一个深受自己消化系统困扰的、幽默的法国人才能写出这样的音乐笑话，也配得上十九、二十世纪交接时的卡巴莱艺人“屁艺人[①]”(Le Pétomane)的节目。为了配合这种低级幽默，在巴巴迎娶塞

德·布吕诺夫这些与世长存的巴巴的图画是孩童一样的普朗克面对成人社会的缩影。左图：巴巴像小白脸一样和老年女性在一起。右图：巴巴娶了皇后塞莱斯特。

① “屁艺人”在二十世纪初巴黎的红磨坊以放屁表演各种特技而出名。

莱斯特皇后时，普朗克给典礼写了感人而高贵的音乐。旁白极尽谄媚地高喊“巴巴的婚礼！”“巴巴的加冕！”。在演出中，九十多岁的瑞士男高音于格·居埃诺（Hugues Cuénod）在喊出这些
146 台词的时候就好像他是个年迈的总管，对仍然能参与这样的演出而感到非常骄傲。在《小象巴巴的故事》中，普朗克也引用了他自己的一些音乐。加冕仪式前的舞蹈音乐和《假面舞会》的结尾很相似，而《平凡》中的《旅馆》则在巴巴和塞莱斯特无精打采地望着星空时出现。普朗克把这个段落称作“给孩子们的一夜纯洁的爱情”。1959 年，普朗克忙于其他事务，于是选择了作曲家让·弗朗塞（Jean Françaix）给《小象巴巴的故事》配器。

尽管为《小象巴巴的故事》谱曲很容易，但是作曲本身对普朗克来说并没有变得更容易。他花了四年才写出了歌曲《蒙帕那斯》（*Montparnasse*），原诗是阿波利奈尔的。在 1945 年，这首歌和另外一首以阿波利奈尔诗作谱写的歌曲《海德公园》（*Hyde Park*）收入一组套曲；1946 年，他又用阿波利奈尔的诗创作了另外两首歌：《桥》（*Le Pont*）和《一首诗》（*Un Poème*），以其钢琴声部的雄壮有力和大气磅礴而别具一格。《一首诗》很晦涩，有安东·韦伯恩的风格。歌曲讲述了一个孤单的、鬼魂般的人的经历，尽管只有十七小节长，在以作曲家所标记的“极度慢”演奏时，仍能唤起静谧感和空间感。典型的是，《一首诗》由一个柔美的钢琴和弦结束，这个和弦“解决了”之前对各种现代风格的时髦探索。

1946 年，普朗克为雷蒙·拉迪盖的诗《保尔和弗吉尼》（*Paul et Verginie*）写了一首歌曲，歌曲描绘了急切而年轻的渴望，就和拉迪盖的人生一样短暂。1947 年的另外一首歌来源于艾吕雅的诗《……却死去了》（*... Mais Mourir*），普朗克关于死亡的作品又增加了一首。同年的《赞美诗》（*Hymne*）具有明确的宗教意味，歌词为让·拉辛翻译自《罗马日课经》的亚历山大格式的诗段。对普朗克来说，在歌曲里原封不动地使用宗教文本是不同寻常的，他一般把这样的文本用在合唱作品中。普朗克承认，当无法感受到活生生的节奏时，是不可能给亚历山大诗体配音乐的，而他就是感受不到。严肃的詹森（Jansenist）教派祷文

要求克制和高贵，而普朗克觉得博纳克的声音比合唱团更适合。

相反的是，祷文在另一首1947年的歌曲中被表现得毫无意义，这就是罗贝尔·德斯诺斯（Robert Desnos）的《消逝》（*Le Disparu*），一首为朋友的离去而悲哀的诗："向圣梅里、雅克、热尔韦、马丁恳求都是无用的……"德斯诺斯是一位超现实主义诗人，在战时被 147
驱逐，客死异乡，这加重了普朗克作为幸存者的愧疚心理。他赋予了这首歌非常丰富的音乐形象，钢琴部分模仿了风琴舞曲、悼念的钟声和葬礼进行曲。普朗克在写拉辛的《赞美诗》的同时写了这首德斯诺斯的歌曲，说明他对宗教的态度比一般认为的要更复杂。普朗克殷切地需要去相信，也热爱教堂的仪式、罗曼风格的建筑、圣餐杯和其他天主教的物件。尽管他总是提到自己父亲农民般淳朴的信仰，他自己的信仰却从来没有那么坚定过。

路易·德·维尔莫兰（1902—1969）正在和皮埃尔·博纳克交谈。她常常以无辜受害者的方式讲述一些恶毒的八卦，以此迷住了上流社会。普朗克欣赏她的脆弱，她的跛脚，甚至她写的不怎么样的诗。

普朗克偶然会尝试给自己熟悉的阿波利奈尔和艾吕雅之外诗人的诗作谱曲,成败不一。《加西亚·洛尔卡的三首歌》(*Trois Chansons de García Lorca*)最早由普朗克和博纳克在1947年11
148 月演出,费德里克·加西亚·洛尔卡在诗艺方面对普朗克来说是个理想的搭档:他是同性恋(曾经和萨瓦多尔·达利相恋),而且很年轻时就去世了,在西班牙内战中被佛朗哥的军队折磨并杀害。普朗克总是后悔他的洛尔卡歌曲中西班牙风格不够浓郁,但它们旋律感很强,很吸引人,应当被更多地演出。作曲家接着匆匆回到了自己习惯的诗性立场。艾吕雅的诗《心带领着手》(*Main dominée par le coeur*)激发普朗克写了一首新作品。《保尔·艾吕雅的五首诗》(*Cinq poèmes de Paul Eluard*,1935)中的《一股清澈的水柱》(*Plume d'eau claire*)有相似的声乐旋律,但是在这首歌里普朗克简化了钢琴部分,在快速行进的歌曲中让声音织体显得更清晰:厚重的伴奏部分可能会阻碍歌曲的流动性。

他在这个时期最为出色的歌曲作品为1948年的《美好的文字》(*Calligrammes*),以阿波利奈尔的七首诗为题材:《间谍》(*L'Espionne*)、《突变》(*Mutation*)、《向南方》(*Vers le Sud*)、《下雨了》(*Il pleut*)、《逃亡的优雅》(*La Grâce exilée*)、《像知了一样》(*Aussi bien que les cigales*)和《旅行》(*Voyage*)。阿波利奈尔的《美好的文字》以奇特的排版方式印刷,让某些读者——如务实的博纳克——觉得很不舒服。新的印刷方式说明阿波利奈尔正在寻找新的、隐晦的方式来表达爱情和性。这些诗作写于1913年到1917年之间,而普朗克在思考了这些青春年少的时光后,借这个机会重新拜访了他在诺让最爱去的地方和"一战"期间他年少时的好朋友。他非常努力地统一整套歌曲,歌曲之间调性连续变化,关联性要比《如此一天,如此一夜》更为严密。

《间谍》既是在说玛塔·哈丽[1],也是在说一个女人的身体——她的身体通常隐藏着,但"有一天的某个时刻"就变成了

---

① Mata Hari,"一战"时期的交际花和间谍。

别的东西。有些词句,像“蒙住眼睛,迎接死亡”(les yeux bandés, prête *à* mourir),有着不止一层的含义。首先出现的画面是美丽又色情的间谍玛塔·哈丽在枪决前被蒙上眼睛。法语中,“bandé”的主要含义是“捆绑”,它也可以表示男性勃起,而“死亡”在伊丽莎白时代的诗歌里象征着性高潮。然而普朗克的抒情性让这些粗俗的含义变得不那么明显了。在《向南方》中,阿波利奈尔赞扬了“你身体上的玫瑰丛”。接下来的两首歌也是对女性的赞美,并且对象是阿波利奈尔的情人玛丽·洛朗桑。普朗克也认为她有令人喜爱的天性,并创作了一条马斯内风格的甜美旋律,被许多速度变化打断。新古典主义的音型唤起了 149
过去的时光,而音乐似乎在诗人暂停在他“一战”时的爱情记忆时,也变得犹豫不前了。

《像知了一样》是普朗克最怪异,但也是最有性格的歌曲之一。歌曲向“南法的人们”问话,就和《蒂蕾西阿斯的乳房》中召唤法国人多生孩子一样。阿波利奈尔的诗词控诉了南法的人“知道怎么像知了一样喝酒”,但是“你们不知道怎么像知了一样有用地尿尿”。当普朗克的歌手不断地高声唱着“喝酒,撒尿,就像知了一样!”时,作曲家是在向夏布里埃的喜剧传统致敬,后者最著名的喜剧歌曲赞扬“知了是最棒的小生物”。歌曲总结说,“像知了一样尿尿,像他们一样歌唱,我会拥有和平阳光的无尽喜悦”。阿波利奈尔在原书中,在这些词上用了大号字体的大写字母,普朗克以缓慢、宏伟的结尾加以表现,以宏伟的信经结束了这首歌。最后一首歌《旅行》是作曲家最擅长的:把情感、安静、忧郁和关爱混合在一起。歌曲冷静而又强烈的旋律又加了大量踏板的钢琴伴奏。对普朗克来说,这让他想起了在诺让的祖父母家里一个七月的夜晚:他听着遥远的火车声,度假者正在离开。

《美好的文字》的钢琴部分比声乐部分更为大胆冒险。这部作品是一个性体验的实验室,以多种视角看待了人类的爱情,从歌剧式的抒情到性虐游戏都有。然而,普朗克借着他不断增强的声望,也开始接受他个人并不那么感兴趣的委约。他在1947年为BBC广播电台创作了一首《小交响曲》(*Sinfonietta*)。他和

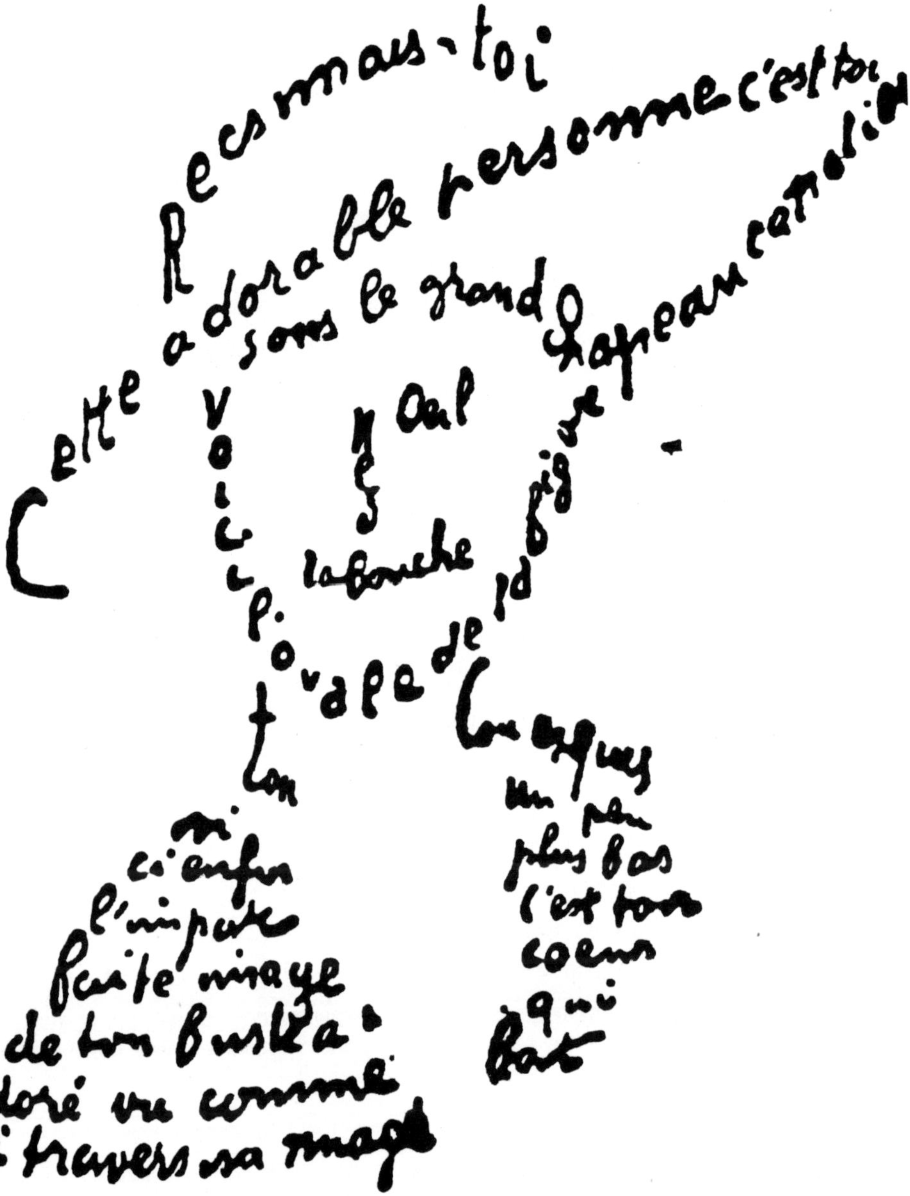
Reconnais-toi
Cette adorable personne c'est toi
sous le grand chapeau canotier
Oeil
Nez
la bouche
Voici l'ovale de ta figure
ton cou exquis
et voici enfin l'imparfaite image de ton buste adoré vu comme à travers un nuage
un peu plus bas c'est ton coeur qui bat

BBC的德彪西专家爱德华·洛克斯白赛尔(Edward Lockspeiser)关系不错,并建议他做很多音乐,还要“做很多爱”。在四十多岁的年纪,普朗克开始成为了怪异大叔的角色,和他的帕彭叔叔差不多。

《小交响曲》由四个乐章组成:火热的快板、非常活泼地、如歌的行板,以及终曲“最急板,非常愉悦”。这部作品的来源是一部创作失败的弦乐四重奏,后者的手稿被作曲家撕碎,扔进了佩赫尔(Pereire)的下水道。尽管如此,作品还是有一部分在《小交响曲》中再度出现了。他还引用了一些其他的作品,比如《晨曲》 *151*
《六重奏》《管风琴协奏曲》和《人像》。他一开始只打算写传统的三乐章结构,但后来扩充到了四个乐章,可能是为了增加它的分量。这部作品是普朗克大型作品中被演奏得最少的作品之一。它过于华丽散漫,难以单独出现在音乐会上,这说明了普朗克对创作声乐作品和器乐独奏有何等程度的需求。大多数时候他都只给钢琴独奏写作,在创作纯粹的乐队作品时则较为散漫。

左图:纪尧姆·阿波利奈尔在1915年所作的大象图画诗:他的图画形式的诗歌是普朗克于1948年创作的声乐套曲《美好的文字》的直接灵感,也是作曲家最出色的歌曲创作之一。

另外一个糟糕的委约带来了一首《钢琴与大提琴奏鸣曲》(1948)。就和他应吉奈特·内芙的要求而写的《小提琴奏鸣曲》一样,创作这首《大提琴奏鸣曲》是因为他不想拒绝著名的大提琴家皮埃尔·富尼埃(Pierre Fournier)的邀约。之前的小提琴奏鸣曲是一堆模糊不清的主题混起来的大杂烩,但至少那首作品还敢于表现得让人恼怒。相比这下,这首大提琴奏鸣曲连有趣的地方都没有,只是温吞地堆起了四个乐章:进行曲速度的快板、卡伐蒂那(咏叹调)、小叙事曲和终曲。有一位评论家发现这首奏鸣曲更接近樊尚·丹弟而不是德彪西的风格,而雷诺·马夏把这部忧郁的作品和阿尔贝里克·马尼亚尔(Albéric Magnard)的大提琴奏鸣曲相比较。阿尔贝里克比普朗克要大三十多岁。

普朗克成功地说服了他的朋友玛丽-布朗什·德·波利尼亚克把雷蒙·德图什请到她家参加《大提琴奏鸣曲》的私人首演试听会。普朗克社交圈中的朋友们都非常想听他和他男朋友们的八卦,但他几乎从来都不会把他们带来。普朗克不像谷克多,去哪里都带着男朋友,甚至去葬礼也带,他比较喜欢单独参加社交活动。他一直对于社交圈中怎样做才得当有着清晰的认知，而且很享受被八卦私人生活的感觉，就好像被挖出的是些登不了大雅之堂的小秘密。

对普朗克来说，没有责任心的创作从来无法带来最好的作品。他坚持要跳出自己的喜好去写作，可能是因为像米约和欣德米特这样的同行都创作了所有能想到的体裁，而他觉得一个认真而有雄心壮志的作曲家必须要这样做。另外一部不令人满意的作品《阿西西的圣方济各的四首短祷诗》(*Quatre Petites Prières de Saint François d'Assise*)写于 1948 年，这部作品没有温吞的毛病，但是基本的问题还是一样。问题在于普朗克尊敬圣方济各，但是更喜欢里斯本的圣安多尼；阿西西的圣方济各有
152 点吓到了作曲家。写这部作品的念头并不是普朗克自己的，而是他的侄孙罗热——尚弗勒里的一个教士。开头赞美圣母玛利亚的旋律有明显威尔第式的和声影响，然后是正式、庄严的、对“全能的上帝”的赞颂。普朗克的第一个错误大概是用法语创作圣方济各的赞美诗，因为那些词句在法语翻译中很单调。成品算是合格，但缺乏灵气。最后的祈祷文说“愉悦是短暂的，痛苦是永恒的”，很难想象有比普朗克更不适合给这类文字配乐的作曲家了。即使想到这部作品的主题有些不合适，即使抱有强烈共鸣的心态去指挥这部作品，如罗伯特·肖所为，但它还是无法说服人。

1948 年 11 月，普朗克和博纳克在玛雅·弗赫之子，即男中音多达·康拉德(Doda Conrad)以及娜迪亚·布朗热合唱团中一位歌手的支持下，首次前往美国巡演。这次巡演让普朗克发现了一个前所未见的新世界，而且并不只是因为——就像他和一个朋友夸耀的——他在波士顿成功勾引了一个年轻教士。就音乐方面来说，这次巡演带来了许多作品委约，包括为波士顿交响乐团写的一首《钢琴协奏曲》。最重要的是，他说，是他找到了一个他觉得被爱的地方。

不幸的是，普朗克的《钢琴协奏曲》延续了他的失败作品记录。这部作品题献给丹妮丝·杜瓦和雷蒙·德图什；在多年的性伴侣关系后，普朗克现在对雷蒙只有父亲般的慈爱了。普朗

克遵从了外国作曲家—钢琴家这一双料音乐家带着新作品来巡演的传统，就像 1909 年时拉赫玛尼诺夫在美国巡演时首演他的《第三钢琴协奏曲》。尽管普朗克看不上拉赫玛尼诺夫，他的钢琴协奏曲的开头还是向其表示了敬意。普朗克热爱俄罗斯，把穆索尔斯基和斯特拉文斯基视为偶像，在演奏自己的协奏曲时把自己打扮成俄罗斯人，有点像他在努瓦宰时假扮兰多芙斯卡的样子。

协奏曲分为三个乐章：舒适的快板、流动的行板和法国风回旋曲（诙谐的急板）。第二乐章以心跳的节奏富有诗意地开始，而最后一个乐章却是普朗克三十年前自创的诺让流行风格。在
这部协奏曲中，钢琴和乐队是合作关系，而不是相互对抗。尽管 153
这样的方式在拉威尔的协奏曲中很成功，但在普朗克的作品中就很奇怪。普朗克的宿敌——瑞士评论家 R. 阿罗瓦·莫塞尔痛恨这首协奏曲的“贫乏的和声处理，其蓄意而懒惰的陈词滥调足以换来一大堆的坏名声”。1950 年 7 月《费加罗报》上的一则评论要稍微热心一些：“很显然这根本不是一部协奏曲，而是一张风俗画，由一个不那么重要的大师写成。”反对者解释说这首协奏曲是一个有意表现了“美学上的不连贯”的例子。不那么挑剔的听众可能会觉得在这部作品中，作曲家对乐队的配器掌控得不错，但是内容和结构始终让他们听不明白。也许普朗克真的是想创作另一首钢琴芭蕾作品，就像《晨曲》。协奏曲喜庆的终曲以其轻盈震惊了一些观众，但它至少是有动态对比的。然而作品的弯弯绕绕有时候听上去像是从一个乐思到另一个乐思的随机跳跃。在普朗克的《双钢琴协奏曲》中，两架钢琴轻快地来回讨论各种想法，而这首协奏曲的独奏钢琴似乎处在友好的仙境里，怎样都行。

这种自我满足的形象引发了评论家们的嘲讽，比如埃米尔·维耶莫兹（Emile Vuillermoz）在 1949 年出版的《音乐史》（*Histoire de la musique*）中把普朗克的作品描述为“典雅的修道院长”创作的，是烂泥般的、阿谀奉承的社交型教士的作品。普朗克花了一辈子想摆脱这样的定性。对普朗克几乎不认识的评论家会用他的社交性格来解读他的作品。没错，普朗克可以是个

皮埃尔·博纳克和保尔·艾吕雅有种莫名的相似——高额头、大鼻子和大耳朵，这可能是普朗克对诗人喜爱和信任的原因之一。博纳克的绅士风度在音乐界是极其罕见的。

图为亨利·马蒂斯不朽的画作《舞蹈》。他的艺术激发了普朗克的灵感，普朗克相信自己写的一些歌曲用了和他一样的技法，从非常复杂的图像开始，再精简为一些必不可少的线条。

阿谀奉承之士：他对斯特拉文斯基说，他想到自己会错过他的新芭蕾《奥尔菲斯》——他“热爱里面的每一个小节”——就哭了。然而几天后，他就对一个朋友说，他并不喜欢《奥尔菲斯》，因为“促成这部作品的意志多于灵感，它的宏大感也有些刻意”。

普朗克正处于一种难以解释的低潮期。在《蒂蕾西阿斯的乳房》和《人像》这两部几乎堪称杰作的作品后，他可能不知道该如何继续超越自己。他逐渐下降的健康状况也可能是一个因素，因为他的夜生活是在巴黎街头的公厕找人做爱。在五十多岁的时候，普朗克接受了自己性格的复杂性。然而这种复杂性
156 仍然在迷惑他的朋友和听众。在 1950 年 7 月《巴黎通讯》(*Paris-Presse*)的一篇文章中，普朗克的好友克劳德·罗斯唐写下了之后常常被用来形容普朗克的词句：“半个坏小子，半个僧侣”(le moine et le voyou)。尽管这句话是用来形容作曲家作品中的多样性，但结果却成了对精神分裂，或者缺乏自制力的暗示，显得普朗克不是一个那么严肃的作曲家。克里斯汀·迪奥(Christian Dior)至少在他于 1950 年冬季的新时装里向普朗克表示了致敬，

那年所有的礼服都由作曲家的名字命名：舒伯特、莫扎特、弗朗西斯·普朗克……但是在那时，即使普朗克专注地用他最擅长的材料——比如艾吕雅的诗——进行创作，作品也不如以前那么好了。

根据艾吕雅的《凉爽与火》(*La Fraîcheur et le Feu*)创作的
新歌曲在1950年11月首演。普朗克把这部作品构想为一首拆
分成小部分再配上音乐的诗，因为里面的七首短诗十分碎片化，
并且互相关联。普朗克让作品中的各乐章快慢交错，也就是"凉
爽"和"火焰"交替：《眼中的光芒》(*Rayon des yeux*)、《早晨树枝
摇曳》(*Le matin les branches attisent*)、《全部消失》(*Tout
disparut*)、《在花园的黑暗中》(*Dans les ténèbres du jardin*)、《让
清凉与火焰在一起》(*Unis la fraîcheur et le feu*)、《温柔微笑的 157
男人》(*Homme au sourir tendre*)和《奔流的大河》(*La grande
rivière qui va*)。作曲家称他在创作这组套曲时很大程度地受到
了马蒂斯画作的影响，既表现在清晰度和简洁性方面，也包括声
乐线条在不发展和变奏的前提下的连续性。更概括地说，马蒂
斯在普朗克眼中展现的是一个艺术家如何费尽努力去达到毫不
费力的简洁和优雅的效果，而《凉爽与火》是普朗克在结构上最
为天衣无缝的套曲之一。普朗克在最后一首歌的结尾重复了最
开头的音乐，以此达到对称。他在创作时确保严密地组装了整
部机器，这样在演出这部作品的时候就可以忘却一切，看上去就
像在即兴演奏。

《凉爽与火》题献给了斯特拉文斯基，其中一首标记着"非常冷静"的歌——《全部消失》引用了斯特拉文斯基的《A调小夜曲》中的一段旋律。在和套曲同名的歌中，普朗克把诗人的告诫和自己挂上了钩："让凉爽和火焰在一起……让嘴唇和眼睛在一起……在你的疯狂中期待智慧……创造女人和男人的图像。"普朗克选择的这首《让清凉与火焰在一起》——对异性恋情人中的男女双方都表达了爱慕，这首诗讲述了"有一双有用的手的男人……有一双理性之手的女人……"他总是被已婚男女的双方各自所吸引，也被他们作为一对夫妇的整体所吸引。（他将玛丽-布朗什和让·德·波利尼亚克夫妇敬称为"美丽的伯爵、美丽

右图：克里斯汀·博赫为让·季洛杜的舞台剧《夏约的疯女人》所作的设计可以看作是法国舞台设计的最高峰。疯女人悲惨凌乱的装束被博赫变为了一种艺术。

的伯爵夫人”。）但是这首歌的钢琴部分十分冷酷，开头和结尾都有很长的休止。

在《凉爽与火》之后，作曲家有四年没有再创作歌曲。他以一部大型的宗教作品逃离了这一系列令人难以满意的作品。自1937年的《弥撒》后，他就没有写过这类规模的宗教作品。当他的朋友克里斯蒂安·贝拉尔（Christian Bérard）在1949年去世后，普朗克决定写一部作品纪念他。安魂曲看上去太过炫耀，取而代之的是，他决定写一部《圣母悼歌》（*Stabat Mater*），那时他已经通过创作《无情》《蒂蕾西阿斯的乳房》《人像》等声乐作品中的合唱部分而掌握了合唱写法。从协奏曲到《圣母悼歌》的转换没有出现任何问题，就像他给一位女性朋友的信中所说的那样：

158 “顺便说一句，你知道我对我的信仰非常诚挚，就和我在巴黎的私生活中一样诚挚，而没有救世主般的嚎叫（messianic screaming）。个性问题对我来说从来都不是个问题。我的音乐非常自然直率，而且无论怎么说，都是真正个人化的。”

《圣母悼歌》用法国古乐风格的五声部合唱“大型经文歌”的曲式写成，这是由法国十七世纪作曲家们，像让-巴蒂斯特·吕利（Jean-Baptiste Lully）所完善的体裁。作品有十二个乐章，这个“使徒”式的数字并不是随机的[①]。十二个乐章巧妙地在平静和热情的速度间转换：《圣母悼歌》（*Stabat mater dolorosa*，非常冷静）、《她心灵长叹》（*Cujus animam*，非常慢）、《凄楚感伤》（*Quae moerebat*，小行板）、《谁能不一同号哭》（*Quis est homo*，很快的快板）、《眼见自己……》（*Vidit suum*，行板）、《啊，慈母》（*Eja Mater*，快板）、《燃起爱火》（*Fac ut Ardeat*，庄严的）、《恳求圣母》（*Sancta mater*，中板—小快板）、《教我担负》（*Fac ut portem*，萨拉班德，慢速）、《燃烧火焰》（*Inflammatus et accensus*，活跃的，非

右图：图为克里斯汀·博赫。当他去世时，连冷酷的南希·米特福都为之震动。他说在葬礼时，博赫的情人鲍里斯·考切努太过崩溃，以至于他第一次感到同情她。

---

① 耶稣有十三门徒，背叛了的犹大不算在内，所以是十二个。

La Folle
de Chaillot
Bérard

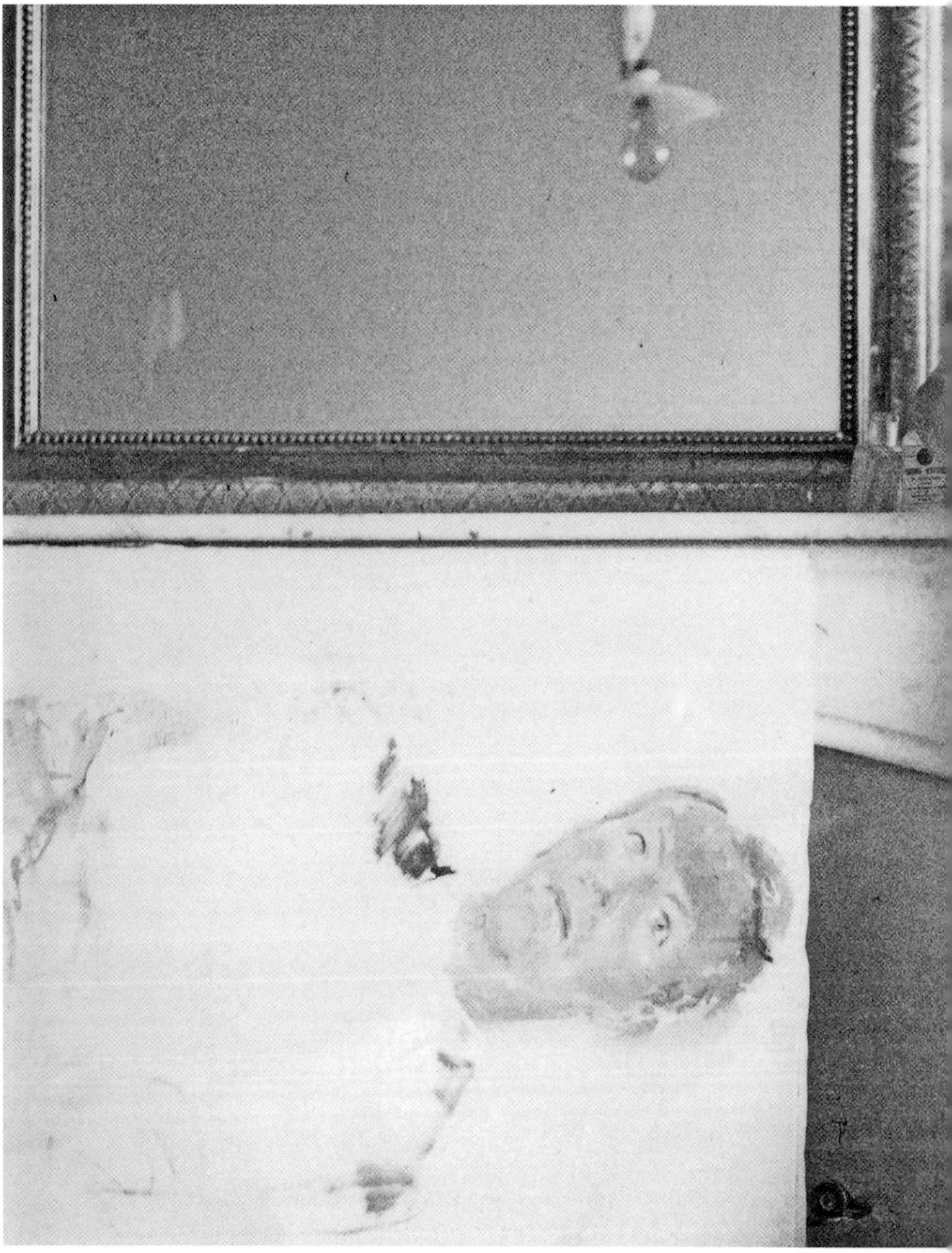

常有节奏感)、《我的肉躯》(*Quando corpus*,非常平静)。乐队的写法很谨慎,在展现男女合唱声部紧密配合和各声部混合的合唱部分中,乐队经常完全不出现。普朗克后来会稍加夸大地说,《圣母悼歌》是一首无伴奏合唱作品,而他后来的《荣耀经》(*Gloria*)则是一部出色的合唱交响曲。这种克制赋予《圣母悼歌》尊严。在这种克制之上,普朗克加上了三个抒情女高音独唱,声音奢华。奢侈和克制的二分性并不只是普朗克个性的一部分,也是他朋友克里斯蒂安·贝拉尔个性的一部分。

贝拉尔是一个天才画家,也是让·季洛杜的舞台设计,与他的合作作品有喜剧《夏约的疯女人》等。作为一个极出色的艺术工作者,他能创造出真正诗意的作品,常常和传奇演员路易·儒韦合作。贝拉尔是个肥硕的男人,极少洗澡,常常和他的狗一起在床上待好多天,跟朋友一起吃饭开玩笑。他受到上层社会的欢迎,却又对巴黎脏乱的夜店中的异装癖有嗜好。贝拉尔所作的肖像画,如 1934 年给普朗克画的那幅,让最有棱角的面部特征也有了柔和感。谷克多认为他的突然去世是一个"无可挽回的损失"。

随着贝拉尔的去世,普朗克埋葬了他欢乐青春的又一个元素。但是在这部作品中,普朗克哀悼的并不只是贝拉尔:《圣母
162 悼歌》刻画的是圣母玛利亚为圣子所受的痛苦,以及对他的死亡而感到万分悲伤,这是"二战后"切合时代的一个主题。作品有的不只是绝望,在最后的几个乐章中听者可以感受到不断增长的信心。第十乐章《教我担负基督之死》以优雅的萨拉班德舞曲写成,似乎是在引导听者以平静来承受痛苦。第十一乐章短暂地唤起审判日的情景,比数年前的圣方济各的合唱祈祷要有说服力得多。在第十二乐章,即最后一个乐章里,作曲家祈求他自己死后能够上天堂,他以晚期意大利浪漫主义的写作风格让女高音和合唱表现出动人的美。铜管的强奏坚定地结束了这部作品。

普朗克强调《圣母悼歌》简朴的一面。他为 1951 年的首演选择的指挥是严厉的弗里兹·明希(Fritz Munch),他是性格热烈的指挥夏尔·明希(Charles Munch)的兄长。在学习成为牧师之后,他去了斯特拉斯堡音乐学院。他代表了普朗克在《圣母

美国双钢琴家亚瑟·高尔德(Arthur Gold)和罗伯特·菲兹戴尔(Robert Fizdale)的音乐天才和同性恋特质吸引了普朗克。

悼歌》中所寻求的那种毫不动摇的虔诚，而不是夏尔·明希的“一半磕了药，一半像天堂”的一面。

普朗克回到了正轨。他的下一部作品《为圣诞节而作的四首经文歌》(*Quatre Motets pour un temps de Noël*，1951—1952)是他最悦人的作品之一。这首为四声部合唱而作的无伴奏合唱有强烈的视觉感：这是一个研究了无数宗教绘画、试图在创作中表现出风景的作曲家的作品。在四首经文歌中，《伟大的奥秘》(*O Magnum Mysterium*)是演出的最多的，其次是《牧羊人，你看到了谁》(*Quem vidistis pastorem*)、《仰望星空》(*Videntes stellam*)

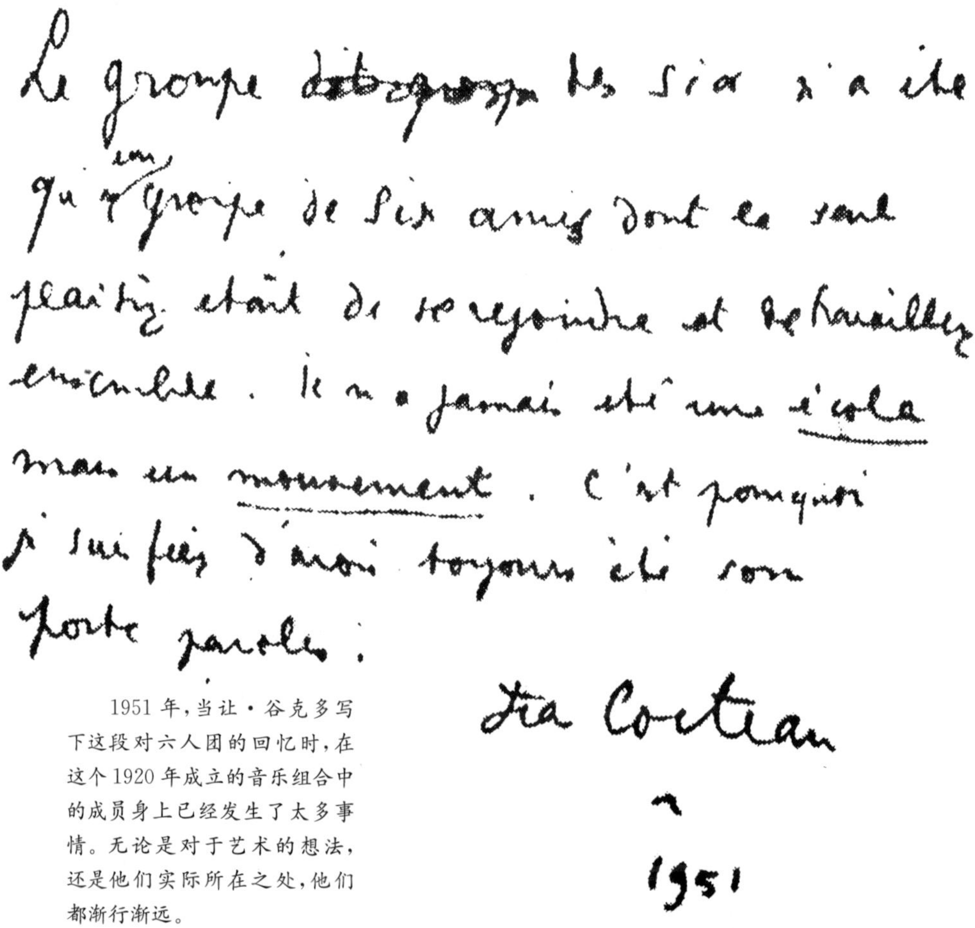
Le groupe des Six n'a été qu'un groupe de six amis dont le seul plaisir était de se rejoindre et de travailler ensemble. Il n'a jamais été une école mais un mouvement. C'est pourquoi je suis fier d'avoir toujours été son porte parole.

Jean Cocteau
1951

1951年，当让·谷克多写下这段对六人团的回忆时，在这个1920年成立的音乐组合中的成员身上已经发生了太多事情。无论是对于艺术的想法，还是他们实际所在之处，他们都渐行渐远。

和《基督今日降生》(*Hodie Christus natus est*)。《仰望星空》的写作手法特别有魔力，向上延展的和声似乎是在寻找东方三博士在天空中看到的星星。柔韧敏感的旋律线中有着戏剧性的瞬间：在词语“Magi”之后有个休止，栩栩如生地刻画了三个博士，强调出他们庄严倨傲的形象。“Videntes stellam”一词重复了数次，最终在一个较低的音上终止，就好像合唱把这些信息传达到了内心，把耶稣诞生的故事深记于心。用降低音高的方式来把故事带回人性的层面包含了一种微妙的表演心理学，只有对合唱的演唱和作曲极为熟悉的作曲家才能想到这一点。

普朗克给美国钢琴家亚瑟·高尔德(Arthur Gold)和罗伯 164
特·菲兹戴尔(Robert Fizdale)写了一首《双钢琴奏鸣曲》，在这部新的委约作品中，他继续保持了良好的水准。这是一对技巧精湛的双钢琴组合，演奏非常从容自如。他们年轻、帅气，很明显是一对同性恋情侣。他们在一次美国巡演时被介绍给了普朗克，融入了普朗克和他的法国朋友圈子，还被他们叫作“小朋友”。但尽管他们敏捷又聪明，但有时却缺少演奏普朗克钢琴作
品时所需要的做戏风格。《双钢琴奏鸣曲》(1952—1953)记录了 165
非常丰富的内在情感，跟委约它的这对欢乐的年轻美国人基本上没什么关系。这首奏鸣曲有四个乐章，分别为序奏、很快的快板、抒情的行板和尾奏，是1918年的《四手联弹奏鸣曲》的三倍长，并且要成熟得多。普朗克详细地描述了这部新作品的结构，就好像在论证他音乐中的建筑学。根据他的说法，序奏乐章和一般古典奏鸣曲的第一乐章并不一样，而是全曲其他部分的一个预示，包含一个极慢的中心主题，其抒情性有很重的分量。乐曲和德彪西《沉没的教堂》(*La Cathédrâle engloutie*)风格相同，仿佛命运进行着精心规划、不可抗拒的推进。“非常快的快板”是一首诙谐曲，最重要的特点是一个“极其平和”的中间段。快速的段落没有任何无忧无虑的地方，而第二乐章和第一乐章一样，以悲剧性的宏大感结束。

作曲家把行板乐章视为作品的中心。《双钢琴协奏曲》中的行板乐章主要是模仿莫扎特，而在这里，普朗克追求的是深刻的抒情和活力，以穆索尔斯基传统的宏伟手法写成。在行板乐章

后页图：全体眼镜照！在这张1950年代六人团重聚的照片中，所有人都戴上了眼镜，甚至包括像谷克多和奥涅格这样自负得通常不愿意照相时戴眼镜的人。

中，他从自己的合唱作品里获得和声的灵感，始终牢记要写出纯净的长线条这个理想。普朗克喜欢和朋友一起演奏乐队作品的双钢琴版本，而这首《双钢琴奏鸣曲》的一些地方听上去像是乐队的缩减：一架钢琴演奏乐队部分，另一架钢琴演奏独奏部分。普朗克对于行板乐章结尾段落里的低音齐奏特别自豪。尾奏并不是作为终曲写的，而是其他三个乐章的再现。他把诺让风格的动态音乐和沉重的葬礼进行曲交织在一起。乐曲的情绪处于一种李斯特式的阴郁中，非常突出钢琴的特性，却又很粗暴，在活泼愉悦的地方也有不祥的预感，很像《假面舞会》中马克斯·雅克布的音乐画像。尽管作曲家从来没有明确提及，但是他的《双钢琴奏鸣曲》的尾奏可能是对雅各布的追忆。

普朗克说，《双钢琴奏鸣曲》和愉悦的《双钢琴协奏曲》不同，
168 有着“弦乐四重奏的重量”。这部作品宏大而悲怆，明显是由经历过失望的人写的。尽管气氛忧郁，普朗克的作品仍然抒情而容易接受，不像另一部写于 1951—1952 年的法国双钢琴作品——皮埃尔·布莱兹（Pierre Boulez）的《结构》（*Structures*）。由于技巧和情感上的难度，《双钢琴奏鸣曲》较少被演奏。二重奏钢琴家们更喜欢演奏《奔赴西泰尔》（*L'Embarquement pour Cythère*, *valse-musette*, 1951），它是一首吸引人的小曲，可以当作一个不错的加演曲目。这是作曲家录音最多的作品之一，加深了人们对普朗克是个轻量级作曲家的印象。普朗克对钢琴家的若干指示之一是，《奔赴西泰尔》中有一段要弹得“很重，像一个男人的吻，速度稳健”。

《双钢琴奏鸣曲》和《圣母悼歌》专注于庄重忧郁的气氛，暗示出普朗克的下一部作品会是冥想式的宗教主题作品。这一次，普朗克并没有再写一部乐队与合唱作品，而是回到了歌剧领域。

7

《加尔默罗会修女的对话》1953—1956

普朗克的大师级作品——歌剧《加尔默罗会修女的对话》证明了：在他眼中，自己诚挚的天主教信仰和过度活跃的同性恋性生活并无冲突。（图为女高音艾尔西·莫里森和珍妮特·辛克莱于1958年在考文特花园的演出剧照。）

我买了这本书（即《加尔默罗会修女的对话》），并且决定再读一遍。为了读这本书，我在纳沃纳广场的“三阶梯”露天咖啡馆坐下。那时是早上十点。到了中午，我还坐在那里，已经消耗了一杯咖啡、一杯橙汁、一个冰淇淋，还有一瓶福吉矿泉水，就是为了能够在那继续待着。十二点半的时候我陶醉其中，但还有最后一个问题：我能为这样的文字找到音乐吗？我随意把书翻到一处，强迫自己立即把我读到的第一句话转换成音乐……就像看上去的那样神奇，我立刻就想出了旋律。命运做了决定。

——弗朗西斯·普朗克

《我和我的朋友们》（*Moiet mes amis*）

《加尔默罗会修女的对话》1953—1956

1950年春天的一次偶遇极大地影响了普朗克在这之后十年间的创作：他在一辆火车上遇见了一个正在商务旅行的推销员吕西安·鲁贝尔(Lucien Roubert)。此人于1908年出生在土伦，但之后都住在马赛。他们进入了一段狂风骤雨般的恋爱，当普朗克不在作曲的时候，吕西安占据了他大量的时间，普朗克从中既得到了肉体愉悦，也有精神痛苦。普朗克说，就像雷蒙·德图什是《蒂蕾西阿斯的乳房》和《人像》中隐藏的秘密，吕西安是《圣母悼歌》和《加尔默罗会修女的对话》中的秘密。普朗克不是和吕西安情感充沛地在一起，就是独自在努瓦宰工作，这两种状态交替着。他跟男低音多达·康拉德[①]说："你能和一个年轻的美国钢琴家在柔软的沙堆里打滚是多么幸运啊。我活得孤独，清白正直，还撅着屁股。"但是，他不能对远离挚爱这一事实总作故作轻松状。对一部分人来说，他对一个到处旅行的推销员的热情看上去并不算认真，但普朗克对于被爱有着无止境的需求。他解释说，在此之前，他的人生都缺乏甜蜜，而如今美好的情感有了，距离成了问题。在音乐的问题上，爱也是第一位的，他要求听众不要评判他的音乐，而是要去爱。但他自己呢，对其他作曲家并没有这种不加分别的情感。比如福雷，他敬仰但是不爱；而对巴赫，他感觉到的是"无分别的奉承"。在委内瑞拉加拉加斯巡演时，普朗克虽未"以不好的意义"爱上"非常英俊"的四十岁的指挥家谢尔盖·切利比达克(Sergiu Celibidache)，却被他深深吸引。他在他的指挥下演奏了《乡间协奏曲》。

① 前文提到此人说的是男中音。

尽管对爱有着极大的渴望，普朗克并没有预见到他和吕西安·鲁贝尔的恋情会出现悲剧性的转折。他现在对结了两次婚的雷蒙·德图什有着父亲般的情感，叫他“我胡子拉碴的老狐狸”。尽管他们之间不再有性，但是他们的关系还是占据了他很大一部分的情感精力。除此之外，他的年轻情人吕西安却不断 171
索求，期待全部的奉献。普朗克正忍受着眼睛疲劳和工作过度以及奢靡生活带来的其他健康问题，他抱怨说吕西安过于强烈的爱吓到了他。有可能是因为在多年随性、半公开的私生活后，他难以接受和另一个男人严格的“婚姻”。

在这样的情感漩涡中，1952 年的夏天，意大利的音乐出版商里科迪联系了普朗克，给了他一份委约，让他给斯卡拉歌剧院写一部芭蕾。这部作品在十次排练之后，会由维克多·德·萨巴塔(Victor de Sabata)大师指挥。里科迪建议写一个殉道圣女的故事，这可能是因为 1952 年巴黎成功重演了维吉尔·汤姆森(Virgil Thomson)和格特鲁德·斯泰因(Gertrude Stein)的《三幕剧中的四圣徒》(*Four Saints in Three Acts*)。普朗克琢磨着写一个关于圣厄休拉(Saint Ursula)的芭蕾：“殉道的时候，圣人一般穿着平民衣服，所以不会有任何加尔默罗修女用足尖跳舞。”1953 年，在和大提琴家皮埃尔·富尼埃前往意大利的巡演中，普朗克和里科迪的负责人圭多·瓦卡兰奇(Guido Valcarenghi)碰了面。他承认自己没兴趣按照里科迪的建议写关于科托纳的圣玛格丽特(Saint Margarita of Cortona)的芭蕾舞剧，而是想写一部歌剧，最好有一个神秘色彩的主题。瓦卡兰奇建议了《加尔默罗会修女的对话》(*Dialogues des Carmélites*)，这个银幕剧本讲述的是法国大革命期间，加尔默罗修女遭到砍头的故事，由天主教小说家乔治·贝尔纳诺斯(Georges Bernanos)创作，他最出名的作品是小说《一个乡村教士的日记》(*Journal d'un curé de campagne*)。贝尔纳诺斯通常用绚丽的散文体写作与天主教相关的主题，但《加尔默罗会修女的对话》是个例外，而且为了写成电影剧本，词句更加简练。故事讲述了贡比涅的一群加尔默罗修女中的新人布朗什·德·拉·福尔斯(Blanche de la Force)，决定成为殉道者后走上断头台的故事。布朗什冷静地面对自己的命运，不像第一任修道院院长在年老死去时呈现出痛苦的状态以及道德混乱。普朗克在巴黎看过两次这部电影，又在家重读过一遍，但是从来没有想到过可以将其改编为一部歌剧。在研究了作品的韵律后，他意识到这项创作注定要由自己来完成，于是给里科迪发了电报，同意写这部作品。

普朗克已经能够胜任写出一部大型作品了。他在跟他的同行(如米约和奥涅格)竞争法国最伟大的作曲家的席位。1953 年
172 4 月，蒙特卡罗举行了一个两天的普朗克音乐节，演出了他的交响乐作品，如《小交响曲》、钢琴协奏曲、《晨曲》和《母鹿》。荣誉接踵而至：1953 年 10 月，他被授予荣誉勋位，并佩戴勋章，由小说家柯雷在她位于巴黎皇家宫殿的公寓介绍给大家。他刚刚写了在电台和记者克洛德·罗斯唐的一系列访谈，将会出版成书，并且还准备和一个密友斯黛芬妮·奥德尔(Stéphane Audel)进行另外一系列的访谈，数年后也成书出版。普朗克用这些书来和已经逐渐远离的朋友重建友谊。这些出版了的恭维话引来了奥涅格、迪雷和亨利·索盖的友好回应。

普朗克知道他的歌剧会在斯卡拉剧院以意大利语首演。为了做好准备，他沉浸在意大利歌剧的世界里。根据博纳克的建议，他研究了威尔第《阿依达》中的安奈瑞斯和《游唱诗人》中的阿苏茜娜，以此获得如何为意大利女低音创作的灵感。当普朗克准备开始写作新歌剧时，EMI 法国公司应美国的要求，决定录制《蒂蕾西阿斯的乳房》，并且没有邀请作曲家本人去录制现场。《蒂蕾西阿斯的乳房》的录音后来成了普朗克人生中最大的愉悦之一，他听的时候会激动得流泪。这些鼓励肯定了他创作歌剧的决定。普朗克仔细地研究了马利皮耶罗于 1929 年编订的蒙特威尔第的《奥菲欧》，这个版本尽管没有正确地反映历史，但在词曲配合和声乐旋律方面有很珍贵的见地。

右图：1954 年于戛纳，普朗克和同性恋情侣彼得·皮尔斯(左)、本杰明·布里顿(右)在一起。他们积极参与普朗克声乐作品的演出，但是他们的录音被藏在了 BBC 的历史档案中，无缘和音乐爱好者见面。

写作《加尔默罗会修女的对话》十分耗费情感，因为“一个人总是处在高潮”。鉴于跟吕西安的关系，他把动摇的情感等同于创作中的进展。在家已不再有雷蒙·德图什令人宽慰的陪伴，和吕西安的肉体分离更使作曲家心神不安。(雷蒙搬出了普朗

克家，和新婚妻子住到了附近的一所房子里。普朗克对朋友说他无比想念“一起使用的浴室，在习惯了二十年之后”。）普朗克之后确诊的男性更年期综合征在此时真实得令人震惊。

174 普朗克总是疑心重重，在1954年坚持认为自己得了胃癌。医院检查结果显示这不是真的，但是普朗克的担忧并没有减弱，他辩称说这种焦虑的情绪对于写作《加尔默罗会修女的对话》（以下简称为《修女》）是必要的。

其他的小困扰还有来自皮埃尔·博纳克的，他由于巴黎教育界平庸之辈自我保护的阴谋，没有拿到巴黎音乐学院的教授职位，这意味着他无法立刻退出演唱舞台，只能继续和普朗克巡演，直到六十岁。他们的下一站是埃及，尽管普朗克不愿意去，他讨厌去文化不同的地方旅行。普朗克在亚历山大港完成了《修女》的第一幕，但他被那里的陵墓和墓葬艺术弄得心情低落，想起了巴黎的拉雪兹公墓墓碑：“这种完全是来源于死亡的艺术让我觉得又抑郁又无趣，我经常很想揍那些埃及古物学者（他们通常都长得很丑！！！）。”

普朗克被各种因素烦扰着——埃及死亡的图景、对癌症的恐惧、与吕西安的关系，很快又有了新的麻烦，和《修女》的舞台版权有关。贝尔纳诺斯的继承人同意让普朗克将作品改为歌剧，但是他们并没有决定权。贝尔纳诺斯当初的这部作品是基于德国作家盖图德·冯·勒福特（Gertrud von le Fort）的小说《绞刑架上的最后一人》（*The Last to the Scaffold*）的电影剧本，而这本书的改编权卖给了一个美国剧作家埃米特·莱弗里（Emmet Lavery）。贝尔纳诺斯家族非常讨厌莱弗里，但是不管怎么说，毕竟是他掌握着《修女》的版权。在几个月的协调之后，莱弗里同意普朗克改编作品，但是要求自己的名字必须在所有的节目单和乐谱上。普朗克别无选择，只能答应。这样一来，他的名字就一直要和莱弗里放在一起。莱弗里是《第一军团：基督社会中的一场戏剧》（*The First Legion: A Drama of the Society of Jesus*，1934）和《修女院中的凶手》（*Murder in the Nunnery*，1944）的作者。

美国达拉斯的加尔默罗会的教士格里芬神父给普朗克写

信，询问他歌剧的进展。在收到作曲家的回复说"天知道能不能完成"时，教士保证：在美国的每一个加尔默罗会信徒都会为普朗克进行一个九日祷告，祈祷他能够完成。这个祷告虽逗乐，却也激励了普朗克，但并不能阻止他"整整六周近乎发疯的焦虑"，最后，他不得不接受精神治疗。

在1954年的很长一段时间里，普朗克都卡在了第二幕，不 175
知道他的歌剧是否能够上演，不知道自己有没有癌症，不知道能否忍受远离自己所爱的人。1954年秋天，在经过大量的治疗后，普朗克和博纳克去荷兰进行了一系列巡演。他演出了根据他最爱的两位诗人写的新歌曲：有两首是马克斯·雅各布的，组合在一起的标题为《巴黎人》(*Parisiana*)，还有一首阿波利奈尔的《罗斯蒙德》(*Rosemonde*)。这三首歌是普朗克这一年投入创作《修女》之外仅有的新作品。马克斯·雅各布的第一首诗《吹响号角》(*Joueur du bugle*)从《假面舞会》中节选而来，保持了那部作品诡异而令人不安的诺让景致。乐曲速度缓慢而坚定，正如作曲家要求钢琴家所做的："甜美地不断敲击，但是要用很多踏板。"第二首《你不再写了吗？》(*Vous n'écrivez plus?*)作为对比，有着奥芬巴赫式的轻盈和幽默。然而这个标题展现了普朗克一直以来的焦虑：吕西安给他写信的次数不够多。阿波利奈尔的诗歌《罗斯蒙德》是对短暂欢爱的温柔颂歌。叙述者歌唱着一位姑娘，他在去寻找"全世界最美的玫瑰"[Rose of the World，歌曲标题Rosemonde既指女子名"罗斯蒙德"，又是"玫瑰"(rose)和"世界"(monde)两个词合并而成，故有双关之意]的路上时，于阿姆斯特丹和她共处了两个小时。作为通往"圣杯"之路的随意性关系占据了普朗克的人生；在火车上和吕西安的偶遇成为了他人生中的一段爱情，而他和雷蒙也是偶然相识的。普朗克身处高阶层的朋友圈，不太可能被正式介绍给他可以相处甚欢的低阶层男人，所以他不得不从偶遇中寻找一切机会。《罗斯蒙德》说明了这样的偶然相遇可以由一种精神上的、近乎神圣的、宗教性的力量来控制。无论是其哲学还是其优美的旋律，《罗斯蒙德》都是普朗克最出色的歌曲之一。

普朗克尽管仍然在创作优秀的作品，情绪却在恶化。到了

尽管舞台导演玛格丽塔·华尔曼(Margarita Wallmann)对斯卡拉的首演做出了重要贡献(图为1958年考文特花园版的《修女》排练现场),但普朗克认为她是“维也纳犹太人”,在巴黎演出时换掉了她。

秋天，他说自己从四月开始就没有笑过了，因为他和吕西安在一起不开心，不在一起也不开心。他服用了无数镇静剂，甚至管自己叫“音乐的鬼魂”，他开始怀疑《修女》是不是一切的根源，就好像那些“可怕的女人们”在自己被砍头前希望把他也拉上断头台。普朗克持续不断地抱怨着自己的痛苦，直到忍无可忍的博纳克说他缺乏“坚定的品性”，说他在“忠实但无趣”的吕西安身
178 上耗费了太多感情。他不确定普朗克是否真的像嘴上说的那么爱吕西安，在和吕西安争吵后，普朗克迅速地去寻找新情人，但是不管吕西安换了什么情人，他都十分嫉妒。博纳克希望普朗克能真的找到一个新人，“到了我们这个年纪了，你真的是还没找到适合你这岁数的活法”。他劝诫普朗克保留自己最后的一点尊严，不要天崩地裂到好像他是世界上第一个为爱情痛苦的人。他反复要求普朗克要以有尊严的力量行事，威胁说要取消他们接下来的巡演，因为他无法忍受普朗克的歇斯底里。他们仍然在 1954 年 11 月去了原先计划好的德国巡演，但是普朗克不得不被带回巴黎，因为失眠而接受三周的治疗。这一年结束时，普朗克还在等待继续写作歌剧的官方许可。他现在彻底依赖巴比妥酸才能保证一晚上能够有超过两个小时的睡眠，他的精神状态十分虚弱，“黑蝴蝶还在绕着我飞”。但是当有可能的时候，音乐仍是一个救赎。

1955 年 1 月 16 日，他和布里顿在伦敦皇家节日音乐厅演奏了自己的《双钢琴协奏曲》，以此开始新的一年。1 月 20 日他和博纳克在纽卡斯尔开了一场音乐会。终于，4 月，他被准许继续创作《修女》。普朗克开始工作，同时吕西安得了致命的胸膜炎。为了能够支付吕西安和他自己的医药费，普朗克坚持要求高尔德和菲兹戴尔把此前承诺付给《双钢琴奏鸣曲》的 1000 美元委约金付给他。钢琴家们没有钱，一个富有的美国赞助商和业余歌手爱丽丝·艾斯提(Alice Esty)替他们付了账。到了 7 月，普朗克希望吕西安脱离生命危险；到了 8 月，他宣称自己的更年期过去了。接着，吕西安的情况变得更糟，高烧不退，而普朗克的脑中萦绕着贝尔纳诺斯的句子：“我们并不是每个人都为自己而死，有些人会为别人而死。”

普朗克和吕西安平静地度过了最后的时光。吕西安听着他在钢琴上谱曲，然后告诉他自己很好地睡了两个小时，因为普朗克的葬礼进行曲安抚了他。1955 年 10 月的一个晚上，在誊写好《修女》后，普朗克对女仆说，吕西安现在可以离去了，因为他已经 179
写完了歌剧：就在同一个小时，他的预言实现了。六年的曲折恋情结束了，普朗克到雷蒙·德图什家寻求安慰，后者从来不知道吕西安的存在。创作《修女》耗尽了普朗克的宗教感情，他感到自己身处精神荒漠之中。他对弥撒不再感兴趣，而且，在对于自己的健康状况如此担忧之后，他对吕西安先他而去感到无比难过。

给歌剧配器花去了普朗克 1956 年的大部分时间。十二场中的每一场都标记了创作的地点和时间，比如努瓦宰、巴黎、洛桑、戛纳、亚历山大港、卢河畔图雷特，而以这一连串的地名来看，乐谱就像是朝圣之旅的一份精神日记。当《修女》用意大利语演唱时，它代表了诞生于意大利的晚期浪漫主义声乐和管弦乐风格。而且，从这个角度来说，它可谓是一部真正的意大利歌剧。普朗克在题献中感谢了威尔第，但是他本也可以提到普契尼、博伊托和马斯卡尼。

歌剧讲述了布朗什·德·拉·福尔斯在踏入贡比涅的修道院后的命运。她在一系列"恩典的转达"后，平静地选择了和其他修女一同受刑，成为法国大革命中的殉道者。谦逊和神经症是布朗什角色的关键性格，歌剧第一幕中呈现她这个角色时，她的演唱快速又谦虚，就像普契尼《蝴蝶夫人》中的女仆铃木。在整部歌剧中，普朗克重复使用着两个主题，而他坚持它们并不是主导主题：一是来源于他在创作于 1937 年的《弥撒》中"羔羊经"的一段布朗什主题；二是来源于《管风琴协奏曲》的一条急促的旋律，普朗克将其作为第一任修道院院长的主题。在第一幕中，当一个仆人解释布朗什如何受惊尖叫时，乐队伴奏标记着"非常慢，像梦游者"；而当第一任修道院院长死去，她走上舞台时，舞台指导是"像梦游般地进来"。潜意识的世界是《修女》中相当重要的一部分。

另一个可以在题献中出现的名字是阿尔班·贝尔格（Alban Berg），普朗克很喜欢他的《沃采克》（*Wozzeck*）。《修女》综合了

Royal Opera House

COVENT GARDEN

HOUSE MANAGER . JOHN COLLINS

THE ROYAL OPERA HOUSE, COVENT GARDEN LIMITED

GENERAL ADMINISTRATOR . DAVID L. WEBSTER

in association with the Arts Council of Great Britain

presents

the first stage performance in Great Britain of

The Carmelites

(*"Dialogues des Carmélites"*)

Music by FRANCIS POULENC

Text of the drama by GEORGES BERNANOS

Adapted as an opera by permision of EMMET LAVERY:
the drama inspired by a novel of GERTRUDE VON LE FORT
and a scenario of REV. FR. BRUCKBERGER and PHILIPPE AGOSTINI

(Property of G. Ricordi & Co.)

CONDUCTOR — RAFAEL KUBELIK

PRODUCER — MARGHERITA WALLMANN

Scenery and costumes by WAKHEVITCH

Lighting by JOHN SULLIVAN

This opera has been realised by permission of M. Emmet Lavery, author of the official theatrical adaption of "Die Letzte am Schaffott" under the title "Song at the Scaffold" and joint owner with Mme. Gertrude von Le Fort of the copyright of the novel.

on

THURSDAY, 16th JANUARY, 1958

左图：考文特花园演出的海报上提到了盖图德·范·勒福特和埃米特·莱弗里，体现出了普朗克为了能够让他的作品上演，在版权问题上的痛苦纠葛。

浪漫主义形式和《沃采克》中的心理自我意识。普朗克用他和女
性交往的经验来建立歌剧中的心理部分，让每个人物都活灵活 181
现，因为她们都来自于复杂的、真实的人物样本。他承认剧中玛丽嬷嬷的角色来源于他好友的妻子斯黛芬妮·奥德尔，她是路易·儒韦剧团的演员，很可惜不会唱歌。即使是配角康斯坦丝修女，也要精雕细琢，由花腔女高音演唱。在第一幕中，康斯坦丝很狂躁，继而抑郁地宣称："五十九岁，难道还不是死去的时候吗？"（作曲家在写这个部分的时候五十八岁）。康斯坦丝高叫着说，遵从上帝令她感到好笑，她在"好笑"一词上唱到高音 C，让人想到昂布鲁瓦斯·托马（Ambroise Thomas）《迷娘》（*Mignon*）中的蒂塔妮亚①。后来她郑重地宣布，她始终期盼着在年轻时就

右图：澳大利亚女高音乔安·苏瑟兰（Joan Sutherland）（1926—2010）在 1958 年考文特花园的《修女》中出演了第二任修道院院长，在表演现代音乐上迈出了勇敢的一步。

① 作者可能此处指歌剧《迷娘胎》中的花腔女高音选段"我是蒂塔妮亚"（Je suis Titania），该段落中也有数次接近甚至超过高音 c 的音。

英国女低音让·华生(Jean Watson)在1958年考文特花园版的《修女》中扮演第一任修道院院长。她在表演院长死去的场景中,展现出了最大的戏剧性。普朗克的音乐把死亡描绘为一种淫乱的恐怖,彰显毛骨悚然的高潮。

死去,人们不是为他们自己而死,而是为他人,甚至是替他人去死。

在第一幕第四场中,第一位修道院院长之死是现代歌剧中伟大的戏剧性时刻之一。情感激烈到歇斯底里,就像意大利歌剧所必需的那样,但是音乐始终具备尊严,始终细腻,即使在如
182 此激烈的地方也都有这样的自控力,这让普朗克和其他现代歌剧大师,如路易吉·达拉皮科拉(Luigi Dallapiccola)并驾齐驱。普朗克也参考了穆索尔斯基的作品,修道院院长死前乐队的钟声再现了《鲍里斯·戈都诺夫》中主角发疯死亡的段落。普朗克

对博纳克说，修道院长之死的段落非常“安奈瑞斯”①，其中的声乐写法类似威尔第，富有激情，赤裸裸的感情超越了精雕细琢，但她同时又是《游吟诗人》中精神失常的阿苏茜娜。她宣称在修道院的数十年并没有在她生命的最后帮到她，这份宣言的效果是把死亡描绘成了堕落。修道院院长的声乐部分在谱上标记着“非常生硬”，旁白唱着“我们听到了她死亡的喉音”，在实际演出 183
中是种高潮的呻吟，伴随着巨大的回声。修道院中的其他修女没有被召集起来和院长告别，因为她的形象不适合见人。普朗克在心理刻画的敏锐度上超过了意大利的先人们：修女们都是活生生的女人，俗气而质朴，或轻浮，或神经质。

第二幕中，新任修道院院长的大段独白最大程度地展现了戏剧女高音的嗓音。浑厚的音色是美声风格抚慰人心的特质，尽管第一幕中院长死亡时不断敲响的钟声主题又在此时归来。修女们唱了一首《圣母颂》，这不是一首炫技曲，而像是清唱剧中的一段谦逊的祈祷：独唱部分标记着“非常柔和，不要渐强”，合唱部分则要求“闭上嘴演唱，就像喃喃自语”。普朗克之后评论说：“谁会想到这首天使般的《圣母颂》是在 1954 年 1 月沮丧的一天写成的，就在吕西安放了我鸽子之后！”他喜欢不对称中的自由感，要求独唱歌手们在舞台上演唱时“和合奏略微岔开，但稍微一点就够”，他觉得钢琴部分也要听上去好像两只手没有完全在一起似的。

另外一个来自浪漫主义歌剧的传统是男高音和女高音的爱情二重唱。修女殉道的故事和爱情二重唱搭不上关系，但是布朗什和她哥哥在第二幕中的二重唱无疑是一段爱情音乐，然而毫无乱伦的暗示。男高音应当用意大利式的开放式嗓音演唱，同时又要有法国式的精致。当布朗什的哥哥提起妹妹时，他的段落标记着“要极度地温柔”和“轻声地”。普朗克的舞台直觉是正确的：在斯卡拉歌剧院的首演中，男女高音的二重唱赢得了热烈的掌声，让观众在前面的剧情中积压的紧张情绪有了一个缓

后图为《修女》中法国大革命的场景，描述了革命者“从不与狼同嚎”。这可能是普朗克暗示那些在战时法国与纳粹合作的人。

① 威尔第歌剧《阿依达》中的角色。

解的通道。

这部歌剧总体来说是个道德剧，但没有布道和说教。在第三幕第二场中，玛丽嬷嬷讲了一段对普朗克的人生经历来说至关重要的格言，也适用于大多数受到迫害的少数人：“我的孩子啊，悲剧不是被别人看轻，而是看轻自己。”

普朗克的歌剧听上去很和谐，让一些听众低估了他的天才。
186 在一些戏剧性的片段中，音响让人眼前一亮。第三幕中包括了一段有对白的间奏，打击乐伴奏颇有创意：一个小军鼓、通通(tom-tom)鼓和木鱼轮流演奏。这些打击乐以一种不祥的氛围包裹着加尔默罗修女们无可避免地遭到逮捕的场景，让人想起了东亚式的酷刑。这段间奏中滴答敲击的伴奏部分有着出色的戏剧效果，普朗克可能是借鉴了他年轻时的作品《杂耍》中的打击乐独奏乐章。乐队的流畅性被打断，引起了观众的注意，而当乐队在断头台一幕再度出现时，观众完全被这一幕的情绪所吸引。

尽管普朗克之前已经有其他出色的作品，如《圣母悼歌》《雪夜》和《蒂蕾西阿斯的乳房》，但还是很少有人预料到《修女》会这么好。神力的介入可能是这部作品成功的一个原因：普朗克在1957年给罗卡马杜尔的贞女圣地敬献了一个银质圣餐杯，作为完成歌剧的答谢。1938年，在完成《黑色圣母的连祷文》后，他给同样的圣地敬献了一个银质圣礼容器。这两个珍贵的物件都由巴黎的银器大师普弗卡特(Puiforcat)制作，成为罗卡马杜尔的宗教艺术博物馆之普朗克珍品馆的重要组成部分。

普朗克在乐谱的前言中把作品题献给了他的母亲。他感谢了克洛德·德彪西赋予他音乐创作的品位，还感谢了蒙特威尔第、朱塞佩·威尔第和穆捷斯特·穆索尔斯基，他们在很大程度上影响了他的歌剧创作。题词来自于圣德兰亚维拉：“好天主，救我们远离脸色阴沉的圣人吧。”在这个晦涩的题献中还应当读出其他影响了这部作品的作曲家，但最重要的是，其中还有刚去世的吕西安·鲁贝尔。普朗克并不吝惜把作品题献给他的男性情人——他之前已经这样感谢过雷蒙，但是这部作品的主题可能限制了他这样做。

右图：在1958年考文特花园演出的第一幕第一场中，布朗什·德·拉·福尔斯和她的骑士哥哥在一起。

写了宗教题材的《修女》以后，普朗克比以往更多地投入到尘世的生活中。从 1956 年开始，他和一个新男朋友克洛德相恋。他二十八岁，是雪铁龙公司的一个中级主管。普朗克在依云镇的一个豪华宾馆和朋友吹嘘道：

> 188 “真是太不同寻常了，一个五十七岁的大师，被一个二十八岁的小男孩追捧。他开车带着我到处游玩，请我吃豪华大餐!!!我几乎要被他俘获了!!! 真是有益身心健康！不过，嘘，不要跟伯爵夫人说，还有侯爵夫人、公爵夫人!!!”

《加尔默罗会修女的对话》的世界首演于 1957 年 1 月 26 日在米兰的斯卡拉歌剧院举行。普朗克在场，尽管没有人叫他帮忙准备排演。他希望让他的朋友、画家让·雨果来设计，但是雨果表示他已经不再做舞台设计。普朗克建议丹妮丝·杜瓦扮演布朗什的角色，也遭到了斯卡拉歌剧院的拒绝，最终由年轻的罗马尼亚女高音，专长于“美声”(bel canto)的弗吉尼亚·泽亚尼(Virginia Zeani)担任。其他主演分别为加纳·比妲欣妮(Gianna Pederzini，饰第一任女院长)、蕾拉·珍瑟(Leyla Gencer，饰第二任女院长)、吉莉欧拉·弗拉佐尼(Giliola Frazzoni，饰玛丽嬷嬷)、尤吉尼亚·拉蒂(Eugenia Ratti，饰康斯坦修女)和西比欧·科隆博(Scipio Colombo，饰福尔斯侯爵)；指挥为尼诺·圣佐纽(Nino Sanzogno)。

演出反响非常热烈，尤其是巴黎的评论家们。《世界报》宣称：“这是一个盛大的国际事件，法国的盛大胜利……我们必须使用像‘崇高’‘朴素’‘高贵’这样被用滥的词汇，来理解弗朗西斯·普朗克先生创作的独一无二。”《费加罗报》则这样描述普朗克的音乐：

> “(他)使用的和声语言是如此丰满、令人愉悦，以至于一个人在刚听到的时候会觉得过于诱惑。音乐家要如何使用如此丰厚的和声来表达自我否定的神秘心理？然而普朗克小心地控制着他的笔尖，当听众在某些时刻觉得音乐就要失控时，他又把它

> 抓了回来……在《加尔默罗会修女的对话》中，普朗克毫无疑问给了我们一份大师级的作品。而且我相信，它自身已经足够是一部杰作了。”

《法国文艺》(*Les Lettres Françaises*)的评论为：“普朗克在将他自己提升到一定高度的同时，懂得保留自己的特色。人们也会喜爱他赋予修女日常生活的活力和快乐，还有当修道院院长死去时合唱团难以言喻的《圣母颂》，以及戏剧性的最后一幕——这一幕中达到了杰作才有的至简。”吹毛求疵的人则很 *189*
少：1957 年 3 月的《歌剧杂志》(*Opera Magazine*)称这部作品“相当令人失望……作品中充满了单调之处……让人很怀疑作品是否能够保持最初的吸引力”。

尽管大获成功，普朗克还是觉得玛格丽塔·华尔曼(Marguerite Wallmann)的舞台导演“去掉了所有的情感，只讲究装饰”；他说她“作为一个维也纳的犹太女人，只会从外表来看事情”。在给米约的一封信中，他比较谨慎地说华尔曼把他的歌剧弄得太表面化，因为“她是芭蕾界的”。尽管是她建议普朗克把《修女》从原计划的两幕改为三幕，普朗克还是在巴黎演出时换掉了她，换成了一位谦和的舞台导演莫里斯·雅克蒙(Maurice Jacquemont)，一个不会和他争抢观众注意力的导演。普朗克给了雅克蒙大量的细节建议，还在信里数次拼错了他的名字：“在第三幕第一场，把布朗什的退场(逃跑)安排得更好一点，不要看上去像是……她尿急。”

1957 年 6 月 21 日，《修女》在巴黎歌剧院的首演是一个历史性时刻。演职人员包括：丹妮丝·杜瓦扮演布朗什·德·拉·福尔斯、丹妮丝·夏蕾(Denice Scharley)扮演第一任修道院院长；指挥为皮埃尔·德尔沃(Pierre Dervaux)。和斯卡拉歌剧院首演不同的是，普朗克提供了建议。这一次的演出从视觉上和戏剧效果上都更为平白，结果获得了狂热的赞美。作家珍妮特·福兰纳(Janet Flanner)在 1957 年的《纽约客》中写道：“普朗克的音乐充满了属于他自己特色的忘我狂喜、微妙和声，旋律上扬优雅，直达高处，合唱中丰厚的复调音乐……最后一幕序曲

1958年考文特花园版《加尔默罗会修女的对话》演出中，修道院院长死去的场景。乔治·瓦黑维奇(Georges Wakhcvich)担任服装和布景设计，指挥为考文特花园的音乐总监拉法埃尔·库贝利克(Rafael kubelik)。

热烈而可爱，只是太短暂。”也有少数持不同意见者，如评论家弗雷德里克·歌德贝克，他写道：“普朗克有着一种需要狡黠的智慧才能保持那么多年的天真，他放弃了所有的英雄主义，以及哪怕是一点点的美学上的大胆无畏。”然而他总结道：“从和声上来说，音乐复古主义是最有特色的元素，既是这部作品风格的主要成分，也是其成功的主要原因。”

世界各地的歌剧院开始接二连三地演出这部作品。纽约大
192 都会歌剧院打算在 1958 年演出《修女》，但是旧金山歌剧院抢先在 1957 年 9 月就上演了，由女高音莱昂汀·普莱丝(Leontyne Price)主演，并在全国电视转播。大都会歌剧院的经理鲁道夫·宾(Rudolf Bing)备受打击，决定再也不演《断头台上的修女》了。纽约直到 1977 年他退休后才首演了《修女》。除此之外，这部歌剧在各地演出都很顺利，于 1958 年 1 月 16 日在伦敦考文特花园用英语首演，由拉法埃尔·库贝利克(Rafael Kubelik)指挥，演员阵容：艾尔西·莫里森(Elsie Morison)饰布朗什，让·华生饰第一任修道院院长；其他演员还包括琼·萨瑟兰和西尔维娅·费舍尔(Sylvia Fischer)。1958 年在维也纳，这部歌剧由伊尔姆贾尔德·西弗雷德(Irmgard Seefried)和其他明星演出了 11 次，在 1959—1960 年演出了 14 次。普朗克觉得维也纳的制作虽然很完美，但却很冷淡，而卡塔尼亚的制作则是“灵动的精子充溢在空气中，如果不是在演员的衣服下面的话。西西里的演出更像我，但是维也纳表现出了一种死后世界的壮丽”。

8 在加尔默罗会修女之后 1957—1963

和像丹妮丝·杜瓦这样的朋友在一起说笑，能让普朗克暂时忘却精神上的痛苦。杜瓦作为普朗克最爱的歌唱家之一，在普朗克去世后不久就离开了舞台。

我有些感伤地翻看这本日记。如今的时光已经不适合写歌曲了(至少对我来说)。我已经从艾吕雅、阿波利奈尔、马克斯·雅各布那里得到了我所能得到的一切。我们和博纳克的关系到了尽头。我必须开始看向别处。

——弗朗西斯·普朗克
《我的旋律日记》
(*Journal de mes mélodies*)

在加尔默罗会修女之后 1957—1963

194 1957年3月,普朗克又遇见了一位新情人——路易·戈蒂埃(Louis Gautier),一位壮实、金发的殖民部队步兵,二十九岁。有了一段没有爱情的肉体关系后,普朗克放松下来。他对一位朋友说:“我已经很长时间没有这么诗意的时刻了。对,就是这个词。”他开玩笑说:“现在的日子更像是‘跟军士的对话’,而不是那些女人,不过这本来就是创作者幕后工作的一部分……毕竟百合开花还是需要人施下粪便的。”在他那年前往罗卡马杜尔的每年一次的朝圣中,他因为“加尔默罗会,还有遇见了路易”而感谢了圣母玛利亚(她理解一切)。

这段关系推动而不是妨碍了他的作曲事业发展,他把新作《长笛奏鸣曲》称为“法国军队对年迈大师慷慨赠予的士气”。美国伊丽莎白·斯普拉格·柯立芝(Elizabeth Sprague Coolidge)基金会在1956年联系他,邀请他写一首室内乐作品。他计划了一首长笛奏鸣曲。因为忙于给《修女》配器,他把交稿时间推迟了。到了1956年的夏天,他终于空了下来,重新捡起写他于1952年就开始创作的《长笛奏鸣曲》。

这首《长笛奏鸣曲》(他声称其曲式来自于德彪西的模板)有三个乐章:忧郁的快板、歌唱地(坎蒂列那,Cantilena)、快乐的急板。第一乐章的开头,他指示钢琴家要使用大量的踏板——应当像“把黄油调进酱汁”一样。中间的坎蒂列那乐章让人想起了歌曲*C*中的钢琴部分,但最后一个乐章有着诺让式的兴高采烈。在这首《长笛奏鸣曲》中也有让人想到《修女》的旋律片段,但其始终保持了一种令人喜爱的轻盈的调子。音乐为抒情而抒情,没有文学性的内容。对作曲家来说,创作这样一首只为音乐本身且不带文字关联的纯音乐的优雅作品,一定能够放松身心。

195 逐渐年老的作曲家把想要自由创作旋律的愿望和情感生活

联系在了一起。如今,没有哪个长笛演奏家不想演奏和录制这首奏鸣曲。作曲家和长笛演奏家让-皮埃尔·朗帕尔(Jean-Pierre Rampal)共同在1957年6月的斯特拉斯堡音乐节首演了这部作品。观众十分热情,以至于他们不得不再演奏了一次第二乐章。《费加罗报》把这部作品比喻为"一个美丽的旋律彩虹,微妙而忧郁的和声背景把它衬托得更为完美"。英国作曲家莱诺克斯·伯克利(Lennox Berkeley)把这首奏鸣曲改编成了乐队作品,尽管他高超的配器技巧得到了肯定,大家还是认为这部作品的室内乐形式已经足够丰满了。

1957年,为了纪念车祸中去世的英国圆号演奏家丹尼斯·布莱因(Dennis Brain,1921—1957),普朗克为钢琴和圆号创作了一首《悲歌》(*Elégie*)。普朗克并不是布莱因很亲近的朋友,但他可能通过布里顿,或者在给华尔特·李格录音的时候遇见过他几次,并且可能曾经想过要给这位天才圆号演奏家写些什么,就像布里顿和欣德米特所做的那样。《悲歌》是单乐章作品,十分钟左右,开头的脉动幅度很大,接着被突然打断,就像布莱因的人生。这是悼亡的音乐,圆号的高音区有着优雅的旋律。作品以一种布鲁斯的感觉结尾,弱音的圆号听上去有时似乎像萨克斯风,钢琴弹奏着大本钟声的模进,就好像是对布莱因家乡的赞颂。《悲歌》表达了视死亡如同云雾的传统观念,而英格兰作为一个云雾之国,也可被视为年轻的丹尼斯·布莱因的死亡之地。

还有另外一部作品也来源于英国:布里顿请普朗克为《蒂蕾西阿斯的乳房》写一个双钢琴版本,以便在1958年的奥尔德堡音乐节上演出。这个版本很适合人员较少的小型演出,但是未出版。作曲家在最后一刻取消了前往奥尔德堡的旅行,使得布里顿只能和维奥拉·图纳德(Viola Tunnard)一起演出。普朗克和布里顿,以及录制过他的《如此一天,如此一夜》的彼得·皮尔斯(Peter Pears)保持着不错的合作关系,然而他对布里顿的作品并不感兴趣:1952年,巴黎首演了布里顿的歌剧《比利·巴德》(*Billy Budd*),他只看了两幕就提前离开了。

一位富有的美国赞助商、业余歌手爱丽丝·艾斯提又委约

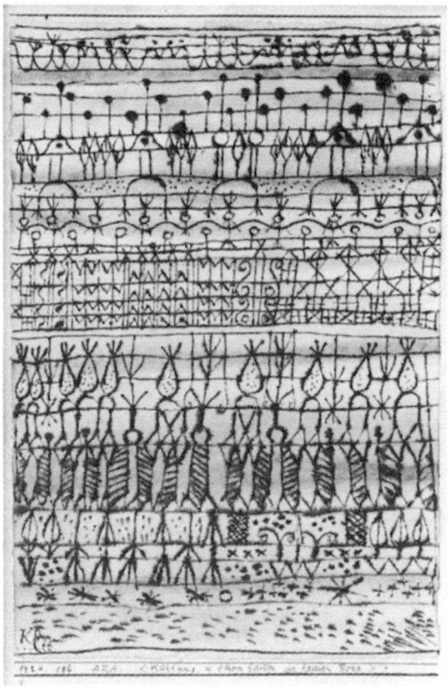

画作从左到右按顺时针顺序分别为：毕加索、克利、格里斯、米罗，维龙、布拉克和夏加尔的作品，它们启发保尔·艾吕雅创作了《看见》(1948)，而《看见》又成为普朗克《画家的辛劳》的灵感来源。

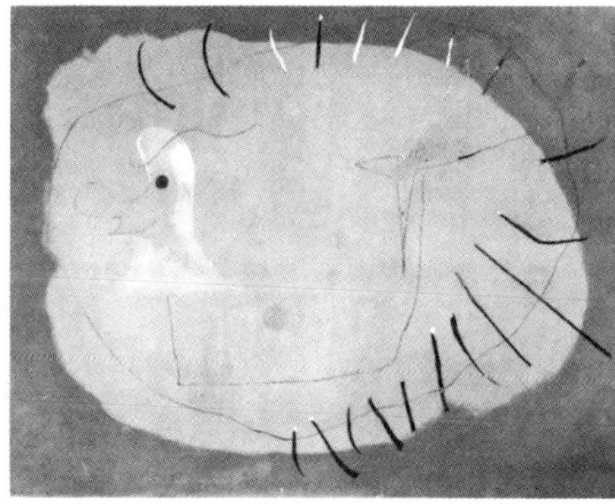

他创作了一部新的套曲——《画家的辛劳》(*Le Travail du*
198 *peintre*)。她还要求自己首演这部套曲,和自己常用的伴奏一起演出。用博纳克的话说,这个伴奏弹得像猪。关于艾斯提的演唱天赋,奥里克对普朗克说,“和她进行艺术赞助的天赋并不相等”。普朗克想要钱,因而表现得很绅士:“和一个美丽的女人谈钱的事情要多么谨小慎微呀!”他在收到艾斯提的伴奏发过来的他们私下录制的歌曲录音时,也表现得很圆滑。1957 年 4 月 1 日,普朗克在巴黎的一场演出中为艾斯提演奏《画家的辛劳》作伴奏,她自己的伴奏和她一起演出了其他歌曲。然而,博纳克和普朗克认为他们于 1957 年 9 月 3 日在爱丁堡音乐节的演唱才是世界首演。

《画家的辛劳》的创作酝酿了好几年。1948 年,艾吕雅出版了一部诗集《看见》(*Voir*),题献给一系列画家,包括毕加索、夏加尔(Chagall)、布拉克(Braque)、胡安·格里斯(Juan Gris)、保罗·克利(Paul Klee)、胡安·米罗(Joan Miró)和雅克·维龙(Jacques Villon)。普朗克想依据这个诗集创作声乐套曲,但是希望艾吕雅给马蒂斯也写一首诗,作为结尾。然而,艾吕雅并不像他那样喜欢马蒂斯,直到诗人在 1952 年去世时,这个项目也没有进展。到了 1956 年时,普朗克认为他通过歌曲这个媒介能说的都已经说了,但是还是决定写一部《画家的辛劳》,在艾吕雅身后向他致以敬意。他的这些歌曲和诗本身的关联更大,而不是和那些画家。不过,《巴勃罗·毕加索》就像毕加索的风格——花岗岩般的观感,西班牙式的残酷。旋律在 C 大调上,让人想起了《如此一天,如此一夜》的开头;然而,就像普朗克所意识到的,到了这个时候,C 大调对他来说已经不一定代表着平静的愉悦了。《马克·夏加尔》是一首诙谐曲,以普朗克音乐中的一种犹太式脉络向马克斯·雅各布致敬。普朗克对夏卡尔的作品没有太大的兴趣,他更喜欢杜飞。作为毕加索的坚定支持者,普朗克和毕加索的敌人布拉克的关系模糊不清,他后来认为写布拉克的那首“可能过于有品位,但是那就是我对布拉克的感觉”。《胡安·格里斯》与之相比要成功得多——普朗克认同格里斯,他的音乐为艾吕雅对静物的描述加了戏剧化的注解。对于《保罗·克利》,普朗克声明:“我在这里需要一个急板。旋律很干,一定要噼啪作响。”狂躁而超现实主义的音乐并不能直接让人想到克利,他的艺术要比普朗克所描述得更克制,更微妙。

《胡安·米罗》也没有完全展现出艺术家本人的特质。这首 199
歌标记为“嬉戏的快板”,摇摆不定的旋律避开了米罗作品中的悲剧和神经质。《雅克·维龙》尽管是这些艺术家中最名不见经传的,但普朗克写得很成功。作曲家创造出了别离的氛围,和他在拉辛《赞美诗》中的严酷一致。艾吕雅写道,“生命当被珍视,哪怕有瘟疫的存在”,对于这份伤感,经历了无数内在危机的普朗克表示赞同。他相信这将是他最后写的歌曲,而这种强烈的终结氛围刚好符合这部套曲引人注目的开头。除了《胡安·格里斯》,多数歌曲都只是令人失望的过渡音乐。《画家的辛劳》良莠不齐,有着告别性的意义,尽管普朗克想要的是“用音乐绘画的方式更新我的歌曲作品”。

在普朗克确定要告别歌曲写作之前,多达·康拉德请他为纪念自己母亲玛雅·弗赫八十岁生日“写点什么”。普朗克在两年前一场上演萨蒂《苏格拉底》的私人音乐会上为弗赫伴奏过。在排练时,普朗克问七十八岁的弗赫需不需要坐下,而歌唱家回答道:“一个人在排练萨蒂《苏格拉底》时是不会坐下的!”普朗克想到她四十年前演唱的《斗兽集》,就从阿波利奈尔的《斗兽集》中选了另外一首《鼠》,将其编写成歌。这又是一首告别之歌,但却是欢乐的告别。歌中唱道“我即将要二十八岁……”,由五十八岁的作曲家为八十岁的歌唱家写来,十分迷人。

劳累和衰老没有阻止他再尝试着写下最后的一些歌曲。有位朋友给了普朗克一首诗——《雪》,作者是寂寂无闻的马赛诗人劳伦斯·德·贝利(Laurence de Beylie)。普朗克拿到的诗文上没有注明作者,但他很喜欢这种梅特林克式的印象派风格。他的歌曲以“一切都已写下”结束,和德彪西的《佩利亚斯与梅丽桑德》中的男低音阿凯尔一样低沉庄重。

普朗克的告别气氛在另一首歌《最后的诗篇》中就变得哀伤了。这首诗的作者是超现实主义诗人罗贝尔·德斯诺斯(1900—

1945)，他死于集中营。普朗克对诗中表达的对已离世之人的爱，以及自身已经临近死亡的疲惫感同身受："我已走了这么多，说了这么多……爱着你的影子这么多……我失去了关于你的一切……我一定是众多影子中的一个影子……"糟糕的是，歌曲的
200 线条哭哭啼啼得过分了，无法正确地表达它所蕴含的主题。这位二十世纪最好的歌曲创作者最后的作品并没有造成轰动：一首是艾吕雅的《瓷器之歌》(*Une chanson de porcelaine*)，作为给歌唱家简·巴托莉的八十岁生日礼物；另一首是他唯一的英文歌曲——来自莎士比亚《威尼斯商人》中的《幻想》(*Fancy*)，它被收入一本儿童歌曲集，里面还有布里顿和柯达伊的作品。

由于《修女》仍然在全世界上演，有人劝普朗克再尝试写一些歌剧。他考虑过现实主义的、乔治·西蒙农(George Simenon)式的故事，或者一个关于巴黎人的主题，就像马赛尔·卡尔内的电影《北方旅馆》那样。后来他放弃了这些想法，就像此前的一个计划：把阿波利奈尔一部关于卡萨诺瓦的未出版的剧本改成歌剧。里科迪出版社巴黎办公室的埃尔维·杜加登(Hervé Dugardin)则建议把谷克多的独白剧《人类之声》改写成独幕歌剧，由玛利亚·卡拉斯(Maria Callas)演唱。但卡拉斯拒绝以意大利语外的任何语言演唱，而普朗克其实也更喜欢卡拉斯的宿敌雷纳塔·苔芭尔蒂(Renata Tebaldi)的声音。普朗克采纳了杜加登的建议，而这部作品最终是写给丹妮丝·杜瓦(Denise Duval)的。

谷克多的这部戏剧写于1932年，讲述了一个年轻貌美的女人遭到情人抛弃的故事。她在电话中想尽办法让他不要挂电话，竟承认在前一晚试图服药自杀。最终对话中断，女主角——我们只知道是个"她"——被抛弃了。

谷克多戏中的一个戏剧化手法是通话毫无征兆地中断，即使是在喜剧歌剧院首演的时候，这样的手法也太老套了。但是电话的意外中断很自然地给歌剧分了段。

勋伯格也写过只有一位歌手的歌剧《期待》(*Erwartung*)，相比之下，普朗克的美学中抒情多于表现主义，更像蒙特威尔第的《被抛弃的阿利亚娜》(*Arianna abandonnata*)——一首写给女高

音的巴洛克挽歌。普朗克的这部歌剧没有咏叹调，而且唯一吸引人的一段旋律出现在“她”描述自己如何自杀的时候。此时的乐队，用普朗克的话说，演奏的是一段“西贝柳斯风格的忧郁圆舞曲节奏。《人类之声》严格地遵循了原文的韵律，以至于音乐本身显得不连贯了。普朗克认为女高音对“她”的诠释几乎是承担着共同作曲的任务，她甚至需要决定何时暂停；她的音乐是自由节奏，演出前要和指挥商量好。情感表达的灵活多变也是必 201
须的，这样才能快速地从焦虑转变到冷静。同时，普朗克也在寻找一种感性的乐队色彩来配合舞台效果。

很多流言蜚语，说因为谷克多和普朗克都是同性恋，所以这部戏剧和歌剧其实说的是一个老男人被小情人抛弃了的故事。这是毫无根据的。“她”无疑是一个可信的女性，而不是男扮女装的谷克多或普朗克。尽管如此，《人类之声》的作者们还是能够同情“她”的境遇。谷克多戏剧中的很多主题，像安眠药、自杀的恐怖阴影，还有对狗的喜爱，都出现在了普朗克的人生中，即使他没有像“她”这样一直遭到抛弃。普朗克可以肯定是个爱狗的人，当他的猎狐梗米奇（小名“豆豆”）死去的时候，他崩溃了。在歌剧中，当“她”说到自己的狗时，普朗克加入了一个感伤的时刻。丹妮丝·杜瓦抱怨说这里观众的注意力都不在了，要求在现场演出中删掉这段，普朗克接受了，但是后来在录音时却坚持要求保留这段。

普朗克和谷克多都热衷于观察女性。普朗克在为杜瓦写这部歌剧的时候知道了她轰轰烈烈的爱情生活，这让他的歌剧有了一种特指的感觉。善于观察细节的谷克多让普朗克带杜瓦去圣奥诺雷郊外大街的亚历山大美发沙龙做假发，强调说要染成褐色的乱糟糟的样子，就好像她好些天都没有打理了。尽管“人类之声”这个标题好像看上去是代表全人类的一种宏大宣言，但其实有着非常具体的意思：“她”解释说，当一个人被电话缩减到只剩一个“人类的声音”时，一切残酷的事情都有可能发生。

普朗克在他的歌剧中注入了巨大的痛苦之情。他享受着路易的陪伴，并没有被得不到回应的爱所伤害，但他和“她”的情感混乱是相似的。他像“她”一样滥用安眠药、镇静剂和抗抑郁药物,还试过一种兴奋剂,但它"让人过度愉快了"。由于滥用药物,他说自己像个"梦游人",像"机器人"一样和所有人打招呼。因为这些药物,普朗克感到自己作为一个作曲家好像正在慢慢地被抽干。他的神经很脆弱,《人类之声》重申他在人生和爱情
202 的存在。陷入爱情对普朗克来说不是好事,但是在舞台上创造一个宛如现实的爱情故事则说明了他还活着。

他给埃尔维·杜加登这样描述《人类之声》的创作:

> "这是个秘密,不过我把所有的主题都找到了。有两个充满了情欲……布朗什曾是我,"她"现在是我,路易也将是我。生活终将以某种形式把他带离我,把那个天使带走。他对我太好了,他是个温柔、有礼、恭敬的孩子(除了某些时候!)。"

普朗克感到了失去路易的恐惧,这对于他在《人类之声》中加入歇斯底里的氛围很有用,但是这种焦虑没有根据——路易直到他死都陪伴着他。尽管如此,当路易有时因为工作不得不离开普朗克时,年老又缺乏安全感的作曲家就会感到遭抛弃的痛苦。普朗克经受着越来越多的自我怀疑和宗教上的不确定感的折磨。1958 年 7 月他获得了牛津大学的荣誉博士学位,这给了他一些宽慰。8 月 7 日他完成了《人类之声》,解释说"7"对他来说是个很重要的数字,因为他就出生在 7 号。1959 年 2 月巴黎喜剧歌剧院首演了《人类之声》,由乔治·普雷特(George Pêrtre)指挥。杜瓦的演唱如此有冲击力,以至于第二场演出的时候乐队起立为她喝彩,这在歌剧历史上是非常罕见的。

1959 年初,普朗克说自己破产了,因为路易开始创业,又盖了房子,把他的钱都花光了:"我必须接受委约,虽然我几乎没胃口写什么。这也是爱情造成的。不管怎么说,《人类之声》应该归功于路易,这才是重要的事。"到了三月,普朗克几乎有了自杀的情绪,但他又自圆其说道:"我的音乐限制了我。自杀才能写成的歌剧无法演出。"他在 1959 年 5 月的一场电视直播音乐会上装出一副勇敢的表情,给让-皮埃尔·郎帕尔和丹妮丝·杜瓦伴奏。5 月 27 日,他还在庆祝他六十岁生日的音乐会上演出,这 20

是同样六十岁的皮埃尔·博纳克的最后一次公开演出。

普朗克考虑过根据谷克多的《地狱机器》(*La Machine infernale*)再写一部歌剧,最后没有动笔。另外,他在菲兹戴尔和高尔德的请求下为双钢琴写了一首《悲歌》(*Elégie*),以纪念他在1958年去世的好友玛丽-布朗什·德·波利尼亚克。根据作曲家的说法,这首曲子并不完全是哀悼的,而是非常的“夏布里埃”。他要求演奏者弹得好像“在即兴演奏,抽着烟,钢琴上摆着一杯白兰地”。其中一个夏布里埃式的特征是作品的开头模仿了《牧场上的家》(*Home on the Range*)①,象征自己与这对美国双钢琴家的友谊。这些玩笑是亲切追忆波利尼亚克在布列塔尼的房产“克巴斯提克”里举办的那些派对,普朗克在派对上特别开心,以至于忘记了他有多讨厌布列塔尼。不过这首《悲歌》(1959)和他几年前写给圆号和钢琴的另一首《悲歌》无论从音乐上,还是从情感上都没有接近之处,而且这是他最后一首给钢琴的作品——普朗克已经开始混日子了。

即使是一个大型作品的委约也没法把他从无精打采的状态中“激活”。波士顿的库塞维斯基(Koussevitsky)基金会请他写一首新的交响曲,但是普朗克说不感兴趣。他们又请他写一首管风琴协奏曲,而他说自己已经写过一首了。最后,基金会只得让他想写什么就写什么。他抱怨着:“我真的懒得动,懒得动。”不过他还是写了一首给女高音、混声合唱和乐队的《荣耀经》(*Gloria*)。他一开始想写七个乐章,但最后只写了六个,为了有那个“黄金数字”,曲末的“阿门”算作第七乐章。

和《圣母悼歌》一样,《荣耀经》是写给女高音独唱、合唱团和乐队的,但是两首乐曲的目的不同:《圣母悼歌》是一首严肃、坚定的作品,歌词来源于诗文,分成了十二个部分;《荣耀经》在结构上和喜乐的情感表达上简单很多。普朗克没有采用巴洛克式的《荣耀经》(比如维瓦尔第的那部)中的十二个乐章大型结构,而是在选择了六个乐章。他说所想到的是《凉爽与火》套曲中连

① 一首著名的美国歌曲。

贯、互相关联的结构。这六个乐章为:“荣耀经”“赞美上主”
(*Laudamus te*)、“天主”(*Domine Deus*)、“上帝的独生子”
204 (*Domini Fili Unigenite*)、“羔羊经”(*Agnus Dei*)和“坐在圣父之
右者”(*Qui sedes ad dexteram Patris*)。

根据普朗克的说法,充满喜悦的“赞美上主”的灵感来源于一场“勇敢的本笃会士”踢的足球赛,并且他又重现了他最爱的意象:贝诺佐·戈佐利(Benozzo Gozzoli)的吐着舌头的调皮天使。“天主”由起伏不断的女高音独唱,有一些东方风情,沿袭了圣-桑的传统。在这部作品中,音乐的生命力最为重要,即使这有时候意味着音乐和歌词会失去联系:“天主”和“羔羊经”有着一种乡村木屐舞的活力,然而这和讲述耶稣的原文没有什么关系。

普朗克说,他已经写了足够多的让人们哭泣的悲剧了,他现在希望重新展现《母鹿》和《蒂蕾西阿斯的乳房》中的活力。为了纪念他过去的作品,他在《荣耀经》的号角开头中引用了一段他于 1928 年写的一首钢琴小品《赞美诗》,但是他以往没有任何作品像这首《荣耀经》一样有意识地逃避现实。

可想而知《荣耀经》为何在艾森豪威尔统治下的美国如此流行:充满阳光的音乐氛围就好像完美地服用镇静剂后的效应。这种娇美的音乐中注入的使人平静的特质表明了普朗克开始隐姓埋名的生活了。《荣耀经》的流行有时是出于对普朗克生平和作品的误读——英国指挥家和宗教音乐作曲家约翰·鲁特(John Rutter)在他录制的《荣耀经》中写道:“普朗克性格核心中积极乐观的天性和信念随处可见。”但是在普朗克的生命快要画上句号时,他没承认自己性格中的这些特征。他知道,凭借《修女》,他已经完成了人生的杰作;他已经开始体会到年老多病和情感上无所依靠的感受了。

右图:普朗克《荣耀经》的演出剧照。这是作曲家去世后,在英国上演的一个芭蕾版本。演员穿着类似爬虫的服装。这个版本从节奏上来说非常自信,同时散发出一种人工制造的平静,似乎暗示着镇静剂带来的安详的睡眠,和普朗克晚年的境况非常相似。

普朗克在写《荣耀经》中的女高音时,脑海中想的是莱昂汀·普莱丝的嗓音。他在听到她 1959 年演唱自己的歌曲唱片时被吸引了,这一录音由多达·康拉德的伴奏大卫·加维(David Garvey)指导。普朗克希望她能够演唱《荣耀经》中的独唱部分。那些起伏、灵活的旋律应当由像她那样浑厚、动人的嗓

普朗克写了两部完整的芭蕾作品，这让人疑惑为什么一些现代的编舞家反而要去排演那些并不是为了芭蕾而作的作品，比如说《荣耀经》，这样的结果只能让人觉得勉强而不真实。

音来演唱——嗓音既有威尔第和普契尼歌剧的重量，又有理查·斯特劳斯的精致。普莱丝答应了，但因为日程冲突，她无法参加演出。1961 年 1 月《荣耀经》在波士顿首演的时候，在普朗克的同意下，由美国女高音阿德勒·埃迪森（Adele Addison）演唱了独唱部分。

这场演出由波士顿交响乐团的夏尔·明希指挥。在排练中普朗克一直居高临下地评论着："这位亲爱的、让人喜爱的、精致的夏尔先生一点都不懂《荣耀经》。"他觉得明希只理解奥涅格和鲁塞尔："他是多么地'斯特拉斯堡'啊，亲爱的！"演出总体来说很成功，但是最令普朗克着迷的，似乎是马琳·黛德丽（Marleue Dietrich）莅临"不祥"之城波士顿观赏首演，还在照相时摆出了亲吻他的姿势。如今，根据法国作曲家协会 SACEM 的统计，

普朗克经常和已
208 婚夫妇的任意一方发
展出超出常理的关系。
美国女高音罗丝·德
尔库特-普劳特爱上了
普朗克，她的丈夫弗雷
德·普劳特随后了断
了他们的关系。照片
由她的丈夫拍摄。

《荣耀经》是全世界演出第二多的法国作品，仅次于拉威尔的《波莱罗》。

在完成《荣耀经》之后，普朗克对于要写什么作品犹豫不定， 209
因而他有足够的时间可以把他计划已久的一本向夏布里埃致敬的书完成，放在巴黎门槛出版社（Les Éditions du Seuil）的一个系列里面。不过他的作品对这个系列来说太短了，而他也不想花时间多写一些，所以书最后由瑞士的一个小出版商出版。

普朗克揣摩着创作项目，试着给他从小就敬仰的一位圣人写一部合唱作品《颂赞经——里斯本的圣安多尼》（*Laudes de Saint Antoine de Padoue*，1959）。这部小规模的作品有四个乐章，为无伴奏男声合唱而作。格里高利圣咏的影响和蜿蜒而魅惑的音乐互相冲突，带有一种大学合唱团的风格。这就好像普朗克想回到1922年《酗酒之歌》那会儿的灵感源泉，却发现它已经干枯了，连里斯本的圣安多尼都无法阻止他的混乱。

1959年底时，莱纳德·伯恩斯坦委约普朗克为纽约林肯中心新爱乐音乐厅的开幕演出写一首乐队作品。在写了夏布里埃的书，得到了休息之后，普朗克超越了他的困扰，写了他最后一部主要作品：为童声女高音、男童、男声混声合唱和乐队而作的《大日课应答歌七首》（*Sept Répons des ténèbres*）。

普朗克选了圣周中的一些晚课作为拉丁文歌词，还有《耶利米哀歌》、圣奥古斯丁和《保罗书信》中的一些内容。《大日课应答歌七首》甚至比《人类之声》更好地证明了在创作了《修女》后，普朗克仍然有音乐的生命力。

《大日课应答歌七首》中的童声女高音和男童合唱团显示了普朗克探索声音的意愿，他以前从未为他们写过宗教作品。普朗克没有重复女高音、合唱和乐队的旧模式，而是选择了童声女高音，这可能是想到了法雅几十年前的《彼得罗先生的木偶戏》（*El retablo*）中一个嗓音粗糙的年轻农夫。普朗克说，他不希望听到一个像是来自上层社会，比如富有的巴黎蒙莎坪（Plaine Monceau）区的童声女高音。“这种适合唱福雷的那些给死掉的有钱人听的音乐，我要的是个维莱特屠夫或者水管工的儿子（音域要更深)。”

普朗克始终秉持专业态度，想照顾到所有可能发生的事。他建议，如果找不到足够好的童声女高音，就可以找一个嗓音尖
210 细的男高音，像于格斯·居埃诺那样的。普朗克视为榜样的作品，除了法雅之外，还有西班牙作曲家维克多利亚的合唱作品。也许是因为这种西班牙式的影响，《大日课应答歌七首》中有一种《荣耀经》中没有的戏剧效果。

铜管部分中有很多愤怒的表达，童声独唱里也有很多急迫的音乐，和先前天堂般的、脱离了肉身的音乐不同。普朗克说他想要毁掉过去他写的那些太好听的音乐，回归“我一开始想要的简练和暴力”。普朗克指的“一开始”是说他早期那些直面痛苦的作品，比如《假面舞会》。普朗克就像《加尔默罗会修女的对话》中的第一任院长一样，发现在死亡接近时，宗教的氛围并不能带来安慰。

右图：普朗克基本上不怎么活动，他讨厌在乡间散步，说这会让他抑郁；他待在努瓦宰是为了工作，喝本地的葡萄酒，招待他的朋友和情人。

《大日课应答歌七首》的第一乐章又回到了《黑色圣母的连祷文》。音乐讲述了犹大对耶稣的背叛，展现了真实的狂怒。然而第六乐章“主的葬礼”(*Sepulto Domino*)却充满喜悦，讲述了尼哥底母[①]为耶稣举行葬礼这一爱的实际行动。在乐章结尾处，声音逐渐消失：对这位正直的人来说，死亡即是和耶稣一同进入坟墓。曲中还有和巴赫的《马太受难曲》中的“心啊，洁净你自己”(Mache dich, mein herze, rein)相似的段落。亨利·海尔(Henri Hell)把《大日课应答歌七首》称为“一部小型的受难曲”，形容得非常恰当。

普朗克认为这部作品既是声学的，又是视觉的，尽管只有他自己才清楚地知道他指涉某些画家到底是什么意思。他说《大日课应答歌七首》更像曼特尼亚而不是苏巴朗，但他想达到的其实是霍尔拜因的效果。他特别崇拜苏巴朗，“有种苦行的纯净，但仍然不怕把一些女圣徒装扮成贵妇”。这样把音乐和绘画相比较对于作曲家创造情绪气氛更有用，对听众则不是；他们在聆

① 《约翰福音》中一位赞成耶稣的圣徒。

听《大日课应答歌七首》时可能会想到的是其他画家，或者根本不会想到什么画家。无论他常常坚持提及的这些形容究竟表明了什么意思，他都正确地指出了《大日课应答歌七首》“非常内向，和《荣耀经》的华丽完全不同”。

很显然作曲家已经在沉思临终之事了。这部作品在他去世以后才首演，由托马斯·席佩斯（Thomas Schippers）在1963年4
212 月指挥纽约爱乐乐团上演。但是《大日课应答歌七首》和其他作曲家身后出版的作品不同，它并不是一个精疲力竭的天才的最后的喘息，而是在重新恢复力量。

在《大日课应答歌七首》之后，普朗克又犹豫着要给丹妮丝·杜瓦写一部用来唱给她儿子听的套曲。《短稻草》（*La Courte Paille*，1960）的歌词是比利时儿童作家莫里斯·卡雷姆（Maurice Carème）所写的一组伤感的诗。普朗克认为这位作家可以和弗朗西斯·雅姆（Francis Jammes）以及马克斯·雅各布相提并论，但弗朗西斯其实不如这两位作家。他写过这样没水准的句子：“在天使音乐家的手指下，莫扎特美味地滴下一滴滴忧伤的喜悦。”

《短稻草》包括七首歌：《睡眠》（*Le Sommeil*）、《发生了什么！》（*Quelle Aventure!*）、《心灵的女王》（*La Reine de cœur*）、《巴，呗，哔，啵，卜》（*Ba, be, bi, bo, bu*）、《天使音乐家》（*Les Anges musiciens*）、《小水瓶》（*Le Carafon*）和《四月的月亮》（*Lune d'avril*）。这是些神经质的摇篮曲，歌手作为妈妈哄着孩子入睡，唤起的却是孩子将要死亡的气息，还有一个和舒伯特的“魔王”一样危险的冰女人。普朗克的音乐来回展现着倦怠的放弃和焦躁的不安，音乐的高潮可能跟他写作那天吃的镇静剂是否起效有关系。

和先前跟艾吕雅合作时一样，普朗克也问了卡雷姆这部套曲如何命名，这位比利时作家建议了很多名字：“布力格莱特”（Brigolette）、“皮克罗·皮克拉”（Piccolo Piccola）、“弗里东旦因·弗里东东”（Furidondaine Furidondon）、“懂知识”（Lorelirelé）、“马马虎虎”（Cahincaha）、“孩子的蔷薇花”（Églantine enfantine）等。对于一个写过《小象巴巴的故事》《给孩子的四首歌》这样的杰作的作曲家来说，《短稻草》让人腻味、失望。杜瓦不喜欢这部作品，拒绝演唱，借口说这些歌不适合她的嗓音。这很难让人信服，普朗克对杜瓦的声音十分了解，他不仅为她写过歌剧，而且在她演唱像梅丽桑德这样的主要角色时还会给她很详尽的建议。

幸运的是，《短稻草》不是普朗克为杜瓦写的最后一部声乐作品。下一部是《蒙特卡罗夫人》，一部不到七分钟，为女高音和钢琴（或乐队）而作的独唱曲。主题是一个悲喜剧：一个年老色衰、时运不佳的风尘女郎在她跳入地中海自杀之前回忆过去的辉煌。这部独白剧是由让・谷克多在三十年代写的，有着严格的节奏，几乎和路易・阿拉贡的 C 一样具有古风。为了避免过 213
于单调，普朗克试着给每一组对句都配上不同的情绪：“忧郁的、自豪的、诗意的、暴力的、讽刺的，还有跳进大海！”

乐队的配器则微妙而谨小慎微，由两组管乐、弦乐和打击乐组成，和《人类之声》的配器相似；大锣、响板和颤音琴间歇地加入，支撑声乐部分。尽管歌词内容容易显得滑稽，但是普朗克的写法保守而精致，当“夫人”唱着“et maintenant, c'est moi qui vous parle”（现在，是我在对您说话）时，气氛严肃得让人想起了《人类之声》。和《人类之声》中的“她”一样，“夫人”也是一位无名女子，有着相同的、不幸的命运。两人都自暴自弃的想自杀。普朗克的一些朋友，比如博纳克，觉得《蒙特卡罗夫人》无足轻重，可能是因为其中有对一个常见的同性恋主题的自怜自哀——普朗克很容易自比为“丑陋的老东西”，需要花钱换取的陪伴、“买小白脸”。在普朗克晚年的一些照片中，他的相貌看上去惊人地不起眼，就和那些曾经靠容貌发展事业的法国电影明星一样，比如费南代尔（Fernandel）和米切尔・西芒（Michel Simon）。他跟朋友说：“我现在就是个老朽。”普朗克在《夫人》的角色中比在《人类之声》中更贴切地描述了自己。“夫人”是伦勃朗会画的那种无情的晚年自画像，如果伦勃朗是个同性恋、作曲家、法国人的话。

普朗克说《蒙特卡罗夫人》应该唱得像托斯卡的咏叹调《为艺术，为爱情》——关于牺牲的最为终极的咏叹调：歌手唱道，她

照片上好像一对年迈而快乐的夫妇。普朗克在晚年的时候才开始研究好友让·谷克多的作品，把他的戏剧《人类之声》和独白剧《蒙特卡罗夫人》改写为歌曲，并成为他晚年的代表作。

为了艺术和爱情而活着，为何她身上会发生如此的不幸。《蒙特卡罗夫人》不适合丹妮丝·杜瓦的情感表达范围，她那时还太年轻、太漂亮，虽然她在 1961 年 12 月的演出非常精彩，乐队由乔治·普雷特指挥。这首情绪丰富的康塔塔需要舞台型的歌手来演唱，如费利奇蒂·洛特(Felicity Lott)。她和格雷厄姆·约翰逊(Graham Johnson)录制了这首的歌曲钢琴版本。

普朗克最后的舞台合作是和让·谷克多演出他的《雷诺和阿尔米德》(*Renaud et Armide*)，作品于 1962 年 8 月在巴勒贝克国际音乐节上演出。普朗克对这个计划缺乏兴趣，这部戏让他觉得无聊，他说他只会给它“写一些屁”。普朗克最后的两部重要作品是写给管乐的独奏奏鸣曲。让文献图书的作者们感兴趣
216 的奇怪巧合是，德彪西(1862—1918)和圣-桑(1835—1921)最后的作品也是室内乐奏鸣曲。然而，德彪西还有弦乐作品，而且如果没有过早去世的话，会有六部。德彪西的作品内含法国民族主义，这与普朗克和圣-桑没有政治含义的作品大不相同。

如果要说普朗克最后作品和谁相似的话，圣-桑更接近一点。在八十六岁时，圣-桑给双簧管、单簧管、大管创作了奏鸣曲。法国音乐学家让·亚历山大·梅内特里尔(Jean-Alexandre Ménétrier)称圣-桑的《双簧管奏鸣曲》以其带有“诙谐的魅力”的终曲预示了普朗克。圣-桑的作品刚好写于普朗克在“一战”后开始他的作曲事业的时候。圣-桑的《单簧管奏鸣曲》有更多冷静、告别意味的片段，和普朗克晚期作品的挽歌特征相一致。

普朗克的《钢琴和单簧管奏鸣曲》和他《长笛奏鸣曲》的相似之处在于融合了炫技和抒情，有点像韦伯式的德国浪漫主义，有时候会有一点点恐怖的效果。这部作品是典型的古典曲式，分三个乐章：忧伤的快板、浪漫曲、热情的快板。中间的浪漫曲是庄严的萨拉班德，而快速的终乐章充满活力却又焦虑。《单簧管和钢琴奏鸣曲》“快—慢—快”的结构和《长笛奏鸣曲》一样。两首奏鸣曲中间各自乐章的情绪都很相似：在忧郁抒情的乐章后，第二乐章都是歌唱的“抒情歌曲”(Cantilène)，而终曲都是充满节奏感的、吸引人的旋律。《单簧管和钢琴奏鸣曲》于 1963 年 4 月由本尼·古德曼(Benny Goodman)在卡内基音乐厅首演，莱纳

卡米尔·圣-桑晚期的管乐奏鸣曲预示了普朗克“诙谐的魅力”。

德·伯恩斯坦伴奏。

《双簧管和钢琴奏鸣曲》(1962)是一首内省得多的作品，由三个乐章组成：哀歌、谐谑曲、悲叹。《双簧管和钢琴奏鸣曲》的表达，更多地是在暗示而不是在直陈。双簧管的倾诉就像在长长的一天过去后，有一个人坐在了你的对面，诚实地讲述着他内心的感受。“悲叹”乐章直诉衷肠，格外罕见；它是一个“死亡提
218 醒”，暗示演奏者和听众有一天都会死去。这部作品三个乐章“慢—快—慢”的安排很不寻常，从这个角度来说，《双簧管和钢琴奏鸣曲》和《双钢琴奏鸣曲》，或为钢琴和圆号而作的《悲歌》更为相似，而不像给单簧管和长笛写的奏鸣曲，虽然是同时期的作品。《双簧管和钢琴奏鸣曲》由皮埃尔·皮埃罗(Pierre Pierlot)于1963年6月在斯特拉斯堡音乐节首演，雅克·费弗利埃任伴奏。

双簧管和单簧管奏鸣曲都缺乏主题的发展，不以古典曲式呈现：它们是题献给当时去世不久的阿尔蒂尔·奥涅格和谢尔盖·普罗科菲耶夫(Sergei Prokofiev)的。普朗克感觉他的管乐奏鸣曲和死者之间有种联系(正如写给圆号的《悲歌》是表达对丹尼斯·布莱恩的哀思的)。这种对死亡的偏执可能是因为雷蒙·里诺西埃对管乐器的热爱，她强烈要求普朗克写这个类型的乐曲。

在所有预兆之后，死亡让普朗克措手不及，但或许并没有。普朗克有着如此愉快的一生，而他的死亡也很理想：他于1963年1月30日在巴黎梅迪西路上的公寓中心脏病突发而亡。那一天他原本打算和丹妮丝·杜瓦一起吃午饭，然后和他的老朋友斯黛芬妮·奥德尔录制一些电台广播节目。因为感冒，他取消了午餐。接着，下午一点时突发心脏病。1962年11月，他把公寓空出来了整整一个月，用来刷墙。无论他是完全没有预料到自己的死亡，还是已有预感，他华丽地重新修缮了公寓，好在死后给继承人留下一个更好的住所。他这些年吃下了大剂量的精神药物——法国医生在给病人开过量的药物方面特别臭名昭著——可能影响了他的心脏。然而，遗传因素在影响寿命方面或许更重要、作用更大——普朗克几乎和他父亲在同一个岁数

去世。

他去世的前四天，在马斯特里赫特的一场音乐会上给杜瓦弹了伴奏。音乐会后，他颇有骑士风度地往她的宾馆房间送了花，写道：“我的丹妮丝，我尚未给你我最后的（最近的）快乐。你可怜的弗朗西斯。”在他死后并没有发现未完成的作品，后来的证据也显示他在去世前整理过身后事。葬礼于 1963 年 2 月 2 日在叙毕斯教堂举行。他被安葬在拉雪兹神父公墓。按照作曲家的要求，告别仪式上没有演奏普朗克本人的作品，而是由马塞 219
尔·迪普雷在叙毕斯教堂里的管风琴上演奏了巴赫。普朗克多年的好友弗朗索瓦·莫里雅克（François Mauriac）在描写普朗克的葬礼时引用了一句格言：“告诉我你被怎样安葬，我就知道你是怎样的人。”这对于像莫扎特、舒伯特，还有许多其他不像普朗克那么富有的作曲家来说并不适用。不管怎么说，葬礼的大排场和奢华氛围令人宽慰，体现了普朗克舒适的一生。还有一件事体现了普朗克对身边圈子的影响有多大：他的管家苏珊娜·罗谢隆（Suzanne Rocheron）在他去世后很快就自杀了。她和丈夫从 1928 年就开始为普朗克工作，她无法忍受失去他的痛苦，也无法接受要离开努瓦宰的别墅。

数年后，博纳克说起，普朗克的朋友们见面时首先都会提起普朗克，就好像他还活在他们中间一样。几乎没有人会预料到他如今在全世界所拥有的知名度，哪怕是那些热情的崇拜者。新唱片不断推出，大型唱片公司，如 EMI 和索尼，没有再版普朗克本人和博纳克的大量录音，这些录音有一天可能还会为这位多才多艺的作曲家带来更多的声望。

普朗克在他所生活的世纪末的名望如何呢？这取决于你问的是谁。没有人会说“你必须喜爱普朗克的某部作品，要不然你就是落后，跟不上时代，赶不上潮流”。普朗克的作品有着独特的魅力，不像很多先锋派作品，观众只是不好意思离开音乐厅才只好从头听到尾。在创作生涯的早期，他的作品被人觉得有趣，但风格折衷，而且受了斯特拉文斯基和其他一些作曲家很大的影响。美国歌曲作曲家奈德·罗雷姆（Ned Rorem）在《歌剧新闻》中写道：“尽管普朗克从来没有写下一个原创的音符，但是每

直到去世，普朗克都很高兴和年轻的崇拜者联系，就算不完全是出于无私的理由。这张照片是他于 1962 年和法国录音收藏家们见面时拍摄的。

L'HISTOIRE
BABAR

巴巴和塞莱斯特慢慢地消失在远方。巴巴无尽的欢乐遍布在普朗克的作品中，是他永远的遗产。

个音都通过一些奇特的魔法变成了纯正的普朗克。”

过誉也是危险的。《纽约客》的一位评论家在评论 1963 年 4 月一场纪念普朗克的音乐会时，把他称为“一位真正的天才，二十世纪最伟大的作曲家之一。他作品风格相对保守仅仅是他的个人喜好。”大多数时候，对普朗克的赞誉是恰当的，比如认为他 223
是“六人团”中，作品是最有可能一直流传下去的一位。

在新一代的作曲家中没有“普朗克学派”。在他活着的时候和去世以后，他的作品都是无法被模仿的，因为作品完全基于他独特个性。法国也再没有人沿着他创作抒情歌曲的道路走下去。他所鼓励和喜爱的年轻一代的作曲家，像亨利·杜替耶和皮埃尔·布列兹，都走出了他们自己的道路，没有任何模仿普朗克的迹象。在美国，普朗克证明了即使在我们的时代，艺术歌曲仍然可以写得有调性、通俗易懂，奈德·罗雷姆和莱纳德·伯恩斯坦因此可以继续以这个模式创作。美国更近一代的调性音乐作曲家，比如大卫·德尔·特里迪西（David Del Tredici）和约翰·科里利亚诺（John Corigliano）也从这个模式中得到了启发，但是罗雷姆和后两位作曲家的作品是远远不及普朗克的。像《加尔默罗会修女的对话》这样丝毫没有受到先锋派影响的调性歌剧，也让西娅·马斯格雷夫（Thea Musgrave）这样的传统派现代作曲家有了创作的信心。没有人真正能够像普朗克那样创作出如此丰富多样的作品——从歌曲写到芭蕾，再到歌剧；也没有人能像他那样写出《母鹿》那样低俗却令人享受的作品。唯一一个能在同等程度上结合狂野享受和丰富情感的现代作曲家是米约，如他的芭蕾舞剧《屋顶上的公牛》和《创世纪》。

从普朗克去世之后，法国音乐界开始关注其他内容了。法国人对于笛卡尔式反思和智性的“研究”主导了二十世纪的后半叶，体现在布列兹精练而难以使人享受的音乐中。很难不让人注意到，在普朗克之后的时代，法国作曲家逐渐丧失了音乐灵感，如果不是丧失智慧的话。在他之后，一切都成了沙漠！

普朗克一再强调他的音乐应当被爱，而不是被分析。他在他那本讲述夏布里埃的书的最后写道：“亲爱的夏布里埃，我们多么爱你！”很明显，他也希望他的喜爱者是同样的态度。如果

普朗克如今还活着的话，他一定会感谢米莉安·希梅娜和西德
尼·巴克兰为收集、注释、翻译他的信件所做的工作，还有评论
家雷诺·马夏为了出版《我的音乐笔记》所付出的辛劳。指挥家
224 罗伯特·肖、马努埃·罗森塔尔和乔治·普雷特一直到晚年都
在持续演出他的作品。1995年，作曲家的两位朋友精彩地念诵
了普朗克的《小象巴巴的故事》，他们都出生于1902年：一位是
瑞士男高音于格·居埃诺，一位是达律斯·米约的遗孀玛德
琳·米约。普朗克的侄女罗西涅·塞林格是巴黎“弗朗西斯·
普朗克的朋友”这一团体的组织者。在美国堪萨斯城有一个普
朗克粉丝群体叫作“弗朗西斯·普朗克的美国朋友团”，由凯瑟
琳·斯多姆(Catharine Strom)运作，他们会组织音乐会，发售有
作曲家头像的纪念衫、马克杯和冰箱贴。

也许弗朗西斯·普朗克现在可以认为，在这一切之后，他是被爱的。

作品分类列表

普朗克在他事业生涯中创作了大量的作品，虽然有一些不算很著名。按照作曲家的说法，“普朗克最佳”是他最值得被记住的。普朗克的很多钢琴作品是为商业目的而写，他自己并不喜欢。尽管这些作品在以下的列表中，但本书中并没有加以评论。米莉亚·什曼纳编辑的普朗克《通信》是关于普朗克作品信息非常有价值的一个资源。美国音乐学家卡尔·B.施密特最近通过牛津大学出版社出版了普朗克作品的目录，这毫无疑问将会是以后研究普朗克的最重要的信息。以下的列表标明了首演信息，还附上了其他已知细节。

舞台作品

《埃菲尔铁塔上的婚礼》中的《将军的演讲》和《图维列的泡澡者》。剧本：让·谷克多(1921)；首演：巴黎，1921 年 6 月 18 日。

《被误会的警察》，一幕“幽默喜剧”，由让·谷克多和雷蒙·拉迪盖作词(1921)；首演：巴黎，1921 年 5 月。

《母鹿》，一幕芭蕾舞剧(1923)；首演：蒙特卡罗，1924 年 1 月 6 日。

《珍妮的折扇》中的《牧羊女》(1927)；首演：巴黎，1929 年 3 月 4 日。

《晨曲》，为钢琴和十八种乐器而作的“舞蹈协奏曲”(1929)；首演：巴黎，1929 年 12 月 1 日(协奏曲版本)；巴黎，1930 年 1 月 21 日(舞台版本)。

《模范动物》，一幕芭蕾舞剧，由拉封丹作品改编(1940—1941)。首演：巴黎，1942 年 8 月 8 日。

《蒂蕾西阿斯的乳房》，序幕加两幕的喜歌剧；剧本：纪尧姆·阿波利奈尔(1944)。首演：巴黎，1947 年 6 月 3 日。

《加尔默罗会修女的对话》，三幕歌剧；剧本：乔治·贝尔纳诺斯(1953—1956)。首演：米兰，1957 年 1 月 26 日(意大利语)；巴黎，1957 年 6 月 21 日(法语)。

《人类之声》，一幕“抒情悲剧”；剧本：让·谷克多(1958)。首演：巴黎，1959 年 2 月 6 日。

乐队作品

《乡间协奏曲》，为羽管键琴和乐队而作(1927—1928)；首演：巴黎，1929 年 5

月3日。

《双钢琴协奏曲》(1932);首演:威尼斯,1932年9月5日。

《根据克劳德·热尔韦作品所作的法国组曲》,为六个管乐器、羽管键琴和打击乐而作(1935);首演:巴黎,1935年12月11日。

《两首进行曲和一首插曲》,为室内乐团而作(1937);首演:巴黎,1938年4月3日。

《为管风琴、弦乐和定音鼓而作的协奏曲》(1938);首演:巴黎,1939年6月21日。

《两首遗作前奏曲和一首玄秘曲乐队版》,原为埃里克·萨蒂的钢琴作品(1939)。

《母鹿》中的组曲(1939—1940)。

《模范动物》中的组曲(1942)。

《小交响曲》(1947—1948);首演:伦敦,1948年10月24日。

《钢琴协奏曲》(1949);首演:波士顿,1950年1月6日。

《普罗旺斯水手》,根据坎普拉的歌剧《卡米尔》中的主题所创造的变奏曲(1952);首演:普罗旺斯区艾克斯,1952年7月31日。

《田园诗》,为乐队而作,来自于《以玛格丽特·隆为名的变奏曲集》(1954);首演:巴黎,1956年6月4日。

《勒诺与阿尔米德》,为让·谷克多戏剧所作的舞台音乐(1962);首演:巴勒贝克,1962年8月。

合唱

《饮酒歌》,为男声无伴奏合唱而作,十八世纪佚名诗(1922)。

《七支歌》,由纪尧姆·阿波利奈尔、保尔·艾吕雅和让·勒格兰德作词(1936);首演:巴黎,1937年5月21日。

《黑色圣母的连祷文》,为合唱和管风琴而作(1936);首演:伦敦,1936年11月17日。

《微弱的声音》,为童声无伴奏合唱而作(1936)。

《G大调弥撒》,为混合无伴奏合唱而作(1937);首演:巴黎,1938年4月3日。

《无情》，为合唱和乐队而作的康塔塔，爱德华·詹姆斯作词(1937)；首演：巴黎，1938年5月2日。

《为忏悔时而作的四首经文歌》，为混合无伴奏合唱而作(1938-1939)；首演：巴黎，1939年2月。

《赞美上主》，为混合无伴奏合唱而作(1941)。

《祝福天后》，为混合无伴奏合唱而作(1941)。

《人像》，为双合唱团而作，由保尔·艾吕雅作词(1943、1959年修订)；首演：伦敦，1945年3月25日。

《雪夜》，室内康塔塔，由保尔·艾吕雅作词(1944)；首演：巴黎，1945年4月21日。

《法国歌曲》，混合合唱团(1945—1946)。

《阿西西的圣方济各的四首短祷》，为男声合唱而作(1948)；首演：1949。

《圣母悼歌》，为女高音独唱，合唱和乐队而作(1950)；首演：斯特拉斯堡，1951年6月13日。

《圣诞经文歌四首》，为混合无伴奏合唱团而作(1951—1952)。

《万福圣体》，为女声合唱而作(1952)；首演：匹兹堡，宾夕法尼亚。1952年11月25日。

《帕杜的圣安托万的颂赞经》，为男声无伴奏合唱团而作(1957—1959)。

《荣耀经》，为女高音独唱，合唱和乐队而作(1959)；首演：波士顿，1961年1月20日。

《大日课应答歌七首》，为童声女高音、男声合唱和乐队而作(1961—1962)；首演：纽约，1963年4月11日。

声乐和钢琴

(如不是钢琴会有说明)

《黑人狂想曲》，为男中音、钢琴、弦乐四重奏、长笛和单簧管而作。由弗朗西斯·普朗克作词(仿非洲语言的无意义词，分别于1917年、1933年修订)；首演：巴黎，1917年12月11日。

《斗牛士》，让·谷克多作词(1918，1932年修订)。

《斗兽者》，纪尧姆·阿波利奈尔作词(1919)；首演：巴黎，1919。

《帽章》，为声乐，短号，长号，大鼓，三角铁和小提琴而作，由让·谷克多作词（1919、1939年修订）；首演：巴黎，1920年2月21日。

《马克斯·雅各布的诗四首》，为声乐，长笛，双簧管，单簧管，大管和小号而作（1921）；首演：巴黎，1922年1月7日。

《龙沙的诗五首》，由皮埃尔·德·龙沙作词（1924—1925）；首演：巴黎，1925年3月10日。

《逸乐之歌》，十七世纪佚名诗（1925—1926）；首演：巴黎，1926年5月2日。

《练声曲》（1927），首演：1927年5月7日。

《咏歌》，由让·莫雷亚斯作词（1927—1928）。首演：巴黎，1928年6月10日。

“墓志铭”，由弗朗索瓦·德·马莱布作词（1930）。

《路易·拉兰娜的诗三首》，由玛丽·洛朗桑和纪尧姆·阿波利奈尔作词（1931）；首演：巴黎，1931年6月1日。

《纪尧姆·阿波利奈尔的诗四首》（1931）；首演：巴黎，1931年6月1日。

《马克斯·雅各布的诗五首》（1931）；首演：巴黎，1932年5月24日。

《假面舞会》，为男中音或女中音和室内乐团而作的康塔塔（1932）；首演：伊埃尔，1932年4月20日。

《波兰歌曲》（1934）。
《四首儿童歌曲》（1934）。

《保尔·艾吕雅的诗五首》（1935）；首演：巴黎，1935年4月3日。

《吉他之歌》，由皮埃尔·德·龙沙作词（1935）。

《如此一天，如此一夜》，由保尔·艾吕雅作词（1936—1937）；首演：巴黎，1937年2月3日。

《路易·德·维尔莫兰的诗三首》（1937）；首演：巴黎，1938年11月28日。

《肖像画》，由柯莱特作词（1938）；首演：巴黎，1939年2月16日。

《阿波利奈尔的诗两首》（1938）；首演：巴黎，1939年2月16日。

《祈祷和平》,由查理·奥尔良作词(1938)。

《蛙圃》,由纪尧姆·阿波利奈尔作词(1938)。

《灼热的镜子》,由保尔·艾吕雅作词(1938—1939);首演:巴黎,1939年2月16日。

《温柔的小脸》,由保尔·艾吕雅作词(1939);首演:巴黎,1940年12月9日。

《玩笑婚约》,由路易·德·维尔莫兰作词(1939);首演:巴黎,1942年5月21日。

《矢车菊》,由纪尧姆·阿波利奈尔作词(1939)。

《爱情之路,"歌舞"》,为戏剧《雷奥卡地亚》而作,由让·阿诺伊作词(1940);首演:巴黎,1940年11月3日。

《平凡》,由纪尧姆·阿波利奈尔作词(1940);首演:巴黎,1940年12月14日。

《会谈》,为女高音和男中音而作,由保罗·瓦勒里作词(1940);首演:巴黎,1941年2月4日。

《乡村歌曲》,为声乐和乐队而作,由莫里斯·冯伯尔作词(1942);首演:巴黎,1943年6月28日。

《变形》,由路易·德·维尔莫兰作词(1943);首演:巴黎,1943年12月8日。

《路易·阿拉贡的两首诗》(1943);首演:巴黎,1943年12月8日。

《巴那斯山》和《海德公园》,由纪尧姆·阿波利奈尔作词(1941—1945);首演:巴黎,1945年4月27日。

《桥》和《一首诗》,由纪尧姆·阿波利奈尔作词(1946);首演:巴黎,1946年11月6日。

《保罗和维吉妮》,由雷蒙·拉迪盖作词(1946)。

《失踪者》,由罗贝尔·德斯诺斯作词(1946—1947)。

《心统治着手》,由保尔·艾吕雅作词(1946—1947)。

《三首歌》,由加西亚·洛查作词(1947);首演:巴黎,1947年11月12日。

《……却死去了》，由保尔·艾吕雅作词(1947)。

《美好的文字》，由纪尧姆·阿波利奈尔作词(1948)；首演：纽约，1948年11月20日。

《赞美诗》，由让·拉辛作词(1948—1949)；首演：纽约，1948年12月28日。

《玛祖卡》，由路易·德·维尔莫兰作词(1949)；首演：纽约，1949年11月6日。

《凉爽与火》，由保尔·艾吕雅作词(1950)；首演：伯明翰，1950年11月1日。

《巴黎人》，由马克斯·雅各布作词(1954)；首演：阿姆斯特丹，1954年10月12日。

《罗斯蒙德》，由纪尧姆·阿波利奈尔作词(1954)；首演：阿姆斯特丹，1954年10月12日。

《画家的辛劳》，由保尔·艾吕雅作词(1956)；首演：巴黎，1957年4月1日。

《两支旋律》(1956)；首演：1957年9月5日。

《最后的诗歌》，由罗贝尔·德斯诺斯作词(1956)。

《瓷器之歌》，由保尔·艾吕雅作词(1958)。

《幻想》，由威廉·莎士比亚作词(1959)。

《短稻草》，由莫里斯·卡雷姆作词(1960)；首演：罗亚曼修道院，1961。

《蒙特卡罗夫人》，为女高音独白和乐队而作；剧本：让·谷克多(1961)。首演：蒙特卡罗，1961年11月。

朗诵和钢琴

《小象巴巴的故事》由让·德·布吕诺夫作词(1940—1945)；首演：巴黎，1946年6月14日(电台)；伦敦，1949年2月8日(现场)。

室内乐

《两支单簧管的奏鸣曲》(1918；1945年修订)；首演：巴黎，1919年4月5日。

《为单簧管和大管而作的奏鸣曲》(1922；1945年修订)；首演：巴黎，1923年1月4日。

《为圆号、小号和长号而作的奏鸣

曲》(1922;1945 年修订);首演:巴黎,1923 年 1 月 4 日。

《为钢琴、双簧管和大管而作的三重奏》(1926);首演:巴黎,1926 年 5 月 2 日。

《为钢琴和木管而作的六重奏》(1932—1939);首演:巴黎,1932 年 6 月 19 日。

《雷奥卡地亚》,为声乐、单簧管、大管,小提琴、低音提琴和钢琴而作。为让・阿诺伊的戏剧而作(1940);首演:巴黎,1940 年 11 月 3 日。

器乐

《田园歌》,选自《风笛集》,为风笛和钢琴而作(1934)。

《钢琴和小提琴奏鸣曲》(1942—1943、1949 修订版);首演:巴黎,1943 年 6 月 21 日。

《钢琴和大提琴奏鸣曲》(1948、1953 修订版);首演:巴黎,1949 年 5 月 18 日。

《钢琴和长笛奏鸣曲》(1956—1957);首演:斯特拉斯堡,1957 年 6 月 18 日。

《为圆号和钢琴而作的〈悲歌〉》(1957);首演:伦敦,1958 年 2 月 17 日(电台)。

《为吉他而作的萨拉班德》(1960)。

《钢琴和单簧管奏鸣曲》(1962);首演:纽约,1963 年 4 月 10 日。

《钢琴和双簧管奏鸣曲》(1962);首演:斯特拉斯堡,1963 年 6 月 8 日。

钢琴

《四手联弹奏鸣曲》(1918、1939 年修订);首演:巴黎,1920 年 2 月 21 日。

《三个无穷动》(1918;1939 年和 1962 年修订);首演:巴黎,1919 年 2 月 9 日。

《圆舞曲》,来自《六人团专辑》(1914—1919);首演:巴黎,1919。

《钢琴组曲》(1920、1926 年修订);首演:巴黎,1920 年 4 月 10 日。

《六首即兴曲》(1920—1921、1939 年修订);首演:巴黎,1922 年 2 月 22 日。

《漫步曲》(1921、1952 年修订);首演:巴黎,1923 年 5 月 7 日。

《那不勒斯》(1922—1925);首演:巴黎,1926年5月2日。

《新事曲两首》(1927—1928、1939年修订);首演:巴黎,1928年6月10日。

《三首小曲》(1918—1928、1953年修订);首演:巴黎,1928年6月10日。

《阿尔伯特·鲁塞尔小曲》,选自《向阿尔伯特·鲁塞尔致敬》(1929);首演:巴黎,1929年4月18日。

《夜曲集》(1929—1938)。

《纪念巴赫即兴圆舞曲》,选自《向J. S. 巴赫致敬》(1932)。

《即兴曲》(1932—1934);首演:巴黎,1933年2月4日。

《乡下女人》(1933)。

《纪念册页》(1933)。

《急板》(1934)。

《两首间奏曲》(1934)。

《幽默曲》(1934)。

《诙谐曲》(1934)。

《根据克劳德·热尔韦作品所作的法国组曲》,由乐队版本改变的钢琴版本(1935)。

《拿泽尔的晚会》(1930—1936);首演:伦敦,1936年2月1日。

《布雷舞曲,在凉亭中》,选自《在展览》(1937);首演:巴黎,1937年6月24日。

《忧郁》(1940);首演:巴黎,1941年5月23日。

《间奏曲》(1943)。

《奔赴西泰尔》(1951)。

《变奏曲》(1951);首演:巴黎,1952年12月15日。

《双钢琴奏鸣曲》(1952—1953);首演:伦敦,1953年11月2日。

《悲歌》为双钢琴而作的(1959)。

《小母羊》根据曼努埃尔·德·法雅的主题所作的小品(1959)。

拓展阅读

由米莉亚·什曼(Myriam Chimènes)纳所编辑的最新版本的普朗克《通信》(*Correspondance*)为法国文献又增添了一部作品。她和其他人的研究纠正了普朗克在他自己的谈话集中所提及的一些说法,特别是关于"二战"的部分。法国的国家视听研究所在两张CD上再版了重新编辑过的来自于原始广播的录音对话记录,这些对话记录最初是翻录在《与克劳德·罗斯唐的对话》中的。这份再版以及近期一些其他关于普朗克的书目,都是法国音乐评论家雷诺·马夏的心血。斯黛芬妮·奥德尔撰写的与普朗克的谈话记录是原始资料中最吸引人的,而亨利·海尔所作的普朗克传记则是在音乐相关的内容上最可靠的。近期的英文著作中,西德尼·巴克兰翻译的普朗克信件集提供了非常多有用的信息。威尔弗雷德·梅勒(Wilfred Meller)的研究则充满热忱,尤其是关于钢琴作品的部分。以下的阅读书目包含了普朗克自己最为准确有趣的作品,以及他人创作的较为可靠的法语及英语书目。

普朗克本人的作品

record reviews in *Arts phoniques*, No. 5, June 1928

'Oeuvresrécentes de Darius Milhaud' in *Contrepoints*, No. 1, January 1946

'La musique de piano de Prokofiev' in *Musique russe* (Paris, Presses Universitaires de France, 1953)

Correspondance 1915 - 1963, ed. Hélène de Wendel (Paris, Seuil, 1967)

Echo and Source: Selected Correspondence 1915 - 1963, trans. And ed. S. Buckland (London, Gollancz, 1991)

Correspondance 1910 - 1963, ed. M. Chimènes (Paris, Fayard, 1994). 这套《通信》超越了前面列出的版本,我们期待西德尼·巴克兰为英语读者推出一套相应版本。

Emmanuel Chabrier (Paris & Gevena, La Palatine, 1961)

Francis Poulenc: Entretiens avec Claude Rostand (Paris, Julliard, 1954)

Diary of my Songs (*Journal de mes melodies*), trans. W. Radford, intro. G. Johnson (London, Gollancz, 1989)

Journal de mes melodies, ed. R. Machart (Paris, Cicero, 1993). 普朗克的日记不仅仅记录了他写的歌曲,还包括了他的其他作品,以及他的朋友和生活。马夏发现1964年的版本缺失了三分之一的内容。这份新版加入了大量未知内容,也非常值得翻译成英文版。

Moi et mes amis, ed. S. Audel (Paris & Geneva, La Palatine, 1963)

My Friends and Myself (*Moi et mes amis*), ed S. Audel, trans J. Harding (London, Dennis Dobson, 1978)

关于普朗克的书目

Auric, G. *Quand j'étais là* (Paris, Grasset, 1979)

Bernac, P. *Francis Poulenc, the Man and his Songs*, trans. W. Radford (London, Gollancz & New York, Norton, 1977)

Bernac, P. *Francis Poulenc et ses melodies* (Paris, Buchet-Chastel, 1978)

Bloch, F. *Phonographies II, Francis Poulenc, 1928 - 1982* (Paris, Bibliothèque Nationale, Départment de Phonothèque Nationale et de I'Audiovisuel, 1984)

Brooks, J. 'Nadia Boulanger and the Salon of the Princesse de Polignac' in *Journal of the American Musicological Society*, Vol. XLVI, No. 3, 1993

Cocteau, J. *Cabier Jean Cocteau no. 7, avec les musiciens* (Paris, Gallimard, 1978)

— 'Les Biches ... notes de Monte Carlo' in *La Nouvelle Revue française*, No. 126, 1924

— *Le Passé défini, tomes I-III, 1951 - 54* (Paris, Gallimard, 1983 - 1989)

Collaer, P. *Darius Milhaud* (Geneva and Paris, Slatkine, 1989)

Craft, R. (ed.) *Igor Stravinsky, Selected Correspondence, Volume III* (London, Faber and Faber, 1985)

Crespin, R., D. Duval et al. 'Poulenc. Dialogues des Carmélites, La Voix humaine' in *Avant scène d'Opéra*, No.

52, May 1983

Daniels, K . W. *Francis Poulenc, His Artistic Development and Musical Style* (UMI Research Press, 1982)

Durufle, M. 'Le concerto pour orgue et orchestre *à* cordes de Francis Poulenc' in *L'Orgue*, No. 154, April-June 1975

Gallois, J. *Les Polignac: Mécènes du XXième siècle* (Monaco, Rocher, 1995)

Gold, A. and Fizdale, R. *Misia* (Paris, Gallimard, 1981)

Halbreich, H. *Arthur Honegger* (Paris, Fayard, 1978)

Hell, H. *Francis Poulenc*, trans. E. Lockspeiser (New York, Grove Press, 1959)

—*Francis Poulenc* (Paris, Fayard, 1978)

Hoffelé, J.-C. *Manuel de Falla* (Paris, Fayard, 1993)

Hoffelé, J.-C. and Kaminski, P. *Les indispensables du disque compact classique* (Paris, Fayard, 1995)

Jourdan-Morhange, H. *Mes amis musiciens* (Paris, Éditeurs Français Réunis, 1955)

Keck, G. *Francis Poulenc, a Bio-bibliography* (New York & London, Greenwood Press, 1990)

Machart, R. Francis Poulenc (Paris, Seuil, 'Solfèges' series, 1995)

Mellers, W. *Francis Poulenc* (Oxford, OUP, 1993)

Milhaud, D. *Ma Vie heureuse* (Paris, Belfond, 1987)

—*Entretiens avec Claude Rostand* (Paris, Belfond, 1992)

Monnier, A. *Rue de l'Odéon* (Paris, Albin Michel, 1989)

'Poulenc et ses amis': *Revue internationale de musique française* vol. 31 (Paris, Champion, 1994)

Robert, F. *Louis Durey, l'aîné des Six* (Paris, Éditeurs Français Réunis, 1968)

Roy, J. *Francis Poulenc, I'homme et son œuvre* (Paris, Seghers, 1964)

—*Darius Milhaud* (Paris, Seghers, 1968)

—*Le Groupe des Six* (Paris, Seuil, 1994)

Sams, J. 'Poulenc Songs' in A. Blyth (ed.) *Song on Record* 2 (Cambridge, CUP, 1988)

Sauguet, H. *La Musique, ma vie* (Paris, Librairie Séguier, 1990)

Schmidt, C. B. *Catalogue of the Compositions of Francis Poulenc* (Oxford, OUP, 1995)

Schneider, M. *L'Éternité fragile* (Vol. 3: 'Le Palais des mirages') (Paris, Grasset, 1992)

Shapiro, R. *Germaine Tailleferre* (Winston-Salem, Greenwood Press, 1993)

Vidal, P. *Francis Poulenc et les poètes* (Paris, Bibliotheque Nationale de France, cahiers d'une exposition, 1995)

唱片选录

乔治·普雷特和皮埃尔·德尔沃指挥的普朗克歌剧是目前为止的最佳版本,但是意大利斯卡拉剧院以意大利语世界首演的《断头台上的修女》,目前急需CD再版。我们也期待一个新版本的《蒂蕾西阿斯的乳房》,因为除了1953年的原始录音以外就再也没有其他版本了。普朗克的钢琴作品都是由他喜爱的钢琴家们录制的,比如说阿图尔·鲁宾斯坦、弗拉德米尔·霍洛维茨、玛赛尔·梅耶和雅克·费弗利埃(有相当一部分他的唱片应该转录到CD上)。索尼拥有普朗克演奏自己作品的录音版权,但是这些录音已经绝版了。EMI出版过一套不尽人意的所谓"歌曲全集",然而他们有普朗克和其他作曲家超过一百首歌曲的版权,这些录音都是由普朗克和博纳克在他们的巅峰时期录制的,若是可以以CD出版,将会给我们带来启示。男中音歌唱家吉尔伯特·莫林曾参与了《假面舞会》的首演,他录制了一套《逸乐之歌》,如果录音公司可以再版这份录音的话,将会成为这套歌曲早期演绎的珍贵材料。在较近的演唱者中,费利奇蒂·洛特和格拉海姆·约翰逊是较为理解普朗克的风格的,法国男中音弗朗索瓦·勒鲁也不错。博纳克的一位学生,荷兰歌唱家伯纳德·克鲁森(Bernard Kruysen)在华纳-依拉托(Warner-Erato)的录音也值得再版。BBC同样应该考虑把彼得·皮尔斯和本杰明·布里顿录制的普朗克歌曲转录为CD。只有乔治·普雷特较好地诠释了普朗克的乐队作品,但是法国唱片公司INA也应该出版马努埃·罗森塔尔和一些人的录音。万达·兰多芙斯卡录制的《乡间协奏曲》,还有罗热·德索米埃尔在Decca录制的传奇版本《母鹿》,现在也令人遗憾地绝版了。至于合唱作品,《大日课应答歌七首》仍没有一套有说服力的录音。1958年的时候,普朗克曾和丹妮丝·杜瓦在波尔多五月音乐节(Mai musical de Bordeaux)举办了一场精彩的演出,法国的一个小录音公司Clio录制了这场音乐会,但是目前绝版了。

歌剧

Les Mamelles de Tirésias

Denise Duval (soprano), Jean Giraudeau (tenor); chorus and orchestra of the Opéra-Comique conducted by André Cluytens; with *Le Bal masqué*

EMI CDM 565565 2

Dialogues des Carmélites

Denise Duval (soprano), Régine Crespin (soprano), Denise Scharley (contralto), Liliane Berton (soprano), Rita Gorr (mezzo-soprano), Xavier Depraz (bass), Paul Finel (tenor); chorus and orchestra of the Opera de Paris conducted by Pierre Dervaux

EMI 7493312

LaVoix bumaine

Denise Duval (soprano); orchestra of the Opéra-Comique conducted by GeorgesPretre; with a Jean Cocteau monologue, *Le Bel indifferent*, recited by Edith Piaf

EMI CDM 7696962

LaVoix humaine

Jane Rhodes(soprano); Orchestre National de France conducted by Jean-Pierre Marty

INA MÉMOIRE VIVE 262019

声乐作品

Le Balmasqué

Pierre Bernac (baritone); Francis Poulenc (piano), chamber musicians from the orchestra of the Opéra de Paris conducted by Louis Frémaux; with the *Elégie* for horn and piano, Sonata for flute and piano, Trio for oboe, bassoon and piano

ADÈS 140522

Dans le jardin d'Anna
Allons plus vite
Le Bestiaire
Le Pont
Monparnasse
La Grenouillière
Les Banalités
Epitaphe
Calligrammes
Chansons gaillardes
Priez pour paix

Pierre Bernac (baritone); Francis Poulenc (piano

ADÈS 1411442

Cinq Poèmes
La Fraicheur et le Feu
Tuvois le feu du soir
Tel Jour, telle nuit
Le Disparu
Paul et Virginie
Parisiana
C'est ainsi que tu es
Le Travail dupeintre

Pierre Bernac (baritone); Francis Poulenc (piano)

ADÈS141152

Le Bestiaire
Chansonsgaillardes
Tel Jour, telle nuit

Pierre Bernac (baritone); Francis

Poulenc (piano)

EMI 7546052

C

À SaGuitare

Hugues Cuénod (tenor); Geoffrey Parsons (piano)

1953 年 12 月，于格斯·居埃诺(Hugues Cuénod)由作曲家本人伴奏，在瑞士广播电台录制了一场普朗克专场音乐会。希望他们可以再版这份录音。

NIMBUS NI 5027

Le Bestiaire

CamilleMaurane (baritone); György Sebök (piano)

WARNER-ERATO WPCC-3391-6

La Dame de Monte Carlo

Le Bestiaire

Cocardes, etc.

Felicity Lott (soprano); Graham Johnson (piano)

FORLANE UCD 16730

Maindominée par le coeur

Tuvois le feu du soir

Leontyne Price (soprano); David Garvey (piano)

BMG 09026 61499 2

Le Bestiaire

ClaireCroiza (soprano); Francis Poulenc (piano); with *Airs chantés*

Suzanne Peignot (soprano), Francis Poulenc (piano); with, among others, *Aubade*, *Deux novellettes*, Trio for piano, oboe and bassoon, *Trois mouvements perpétuels*

PEARL GEMM CD 9311

合唱作品

Mass in G

Quatre Motets pour un temps de Noël

Quatre Motets pour un temps dePénitence

Quatre Petites Prières de Saint François d'Assise

Robert Shaw Chorale and Orchestra conducted by Robert Shaw

TELARC CD-80236

Gloria

Litaniesà la Vierge noire

Quatre Motets pour un temps de Noël, etc.

The Cambridge Singers

The City of London Sinfonia conducted by John Rutter

COLLEGIUM COLCD 108

管弦乐作品

Concerto for Two Pianos
Francis Poulenc and JacquesFevrier (pianos),
Orchestre de la Société des Concerts du Conservatoire conducted by Georges Pretre; with *Les Biches*, *Les Animaux modèles* and the *Concert champêtre*
EMI CZS 7626902

Concerto for Organ
Maurice Duruflé (organ), Orchestre National de l'O. R. T. F. conducted by Georges Prêtre; with *Gloria*, *Quatre Motets pour un temps de Pénitence*
EMI CDC 747723 2

钢琴作品

Trois Mouvements perpétuels
Marcelle Meyer (piano)
EMI CZS 7674052B

Trois Mouvements perpétuels
Intermezzos
Arthur Rubinstein (piano)
BMG 09026 61446 2

Presto
Vladimir Horowitz (piano)
BMG GD60377

Sonata for two pianos
Sonata for piano duet
Gabriel Tacchino and Jacques Février (piano); with other two piano works
EMI CDM 7639462

Trois Mouvements perpétuels
Nocturne No. 1
Suitefrançaise
Francis Poulenc (piano)
SONY MPK 47684

DeuxNovellettes
Nocturnes
Improvisations
Francis Poulenc (piano); with Trio for piano, oboe and bassoon
EMI CDC 5550362

室内乐作品

Complete Chamber Music
Jacques Février (piano), Yehudi Menuhin(violin), Maurice Gendron (cello), Michel Portal (clarinet), Michel Debost (Aute), Amaury Wallez (bassoon), Maurice Bourgue (oboe)
EMI 7627362

Sextet

Trio

Sonata for flute and piano

Sonata for oboe and piano

Sonata for clarinet and piano

PascalRogé (piano), Patrick Gallois (flute), Maurice Bourgue (oboe), Michel Portal (clarinet), Amaury Wallez (bassoon), André Cazalet (horn)

DECCA 4215812

其他

Histoire de Babar

Peter Ustinov (narrator); Orchestre de Paris conducted by Georges Prêtre, orchestrated by Jean Françaix

EMI CDM 7631572

Five Debussy Songs

Bernard Kruysen (baritone); Francis Poulenc (piano)

INA MEMOIRE VIVE 262010

Trois ValsesRomantiques: *Chabrier*

Marcelle Meyer and Francis Poulenc (pianos)

EMI CZS 7674052A

Francis Poulencou l'Invité de Touraine: *Entretiens avec Claude Rostand*

Paris, Éditions INA/Radio-France 211734 (1995)

Francis Poulenc parlui-même

speech given at the offices of Boosey and Hawkes, Paris on 10 January 1962 Paris, L'Association des Amis de Francis Poulenc, two audio-cassettes (1988)

索引

斜体数字表示图注

索引词条后为原著页码，对应本书正文边码进行检索。

A

Addison, Adele 阿德勒，埃迪森 208
Aïtoff, Irène 阿依托夫，伊莱娜 122
Albéniz, Isaac 阿尔贝尼斯，伊萨克 17
Anouilh, Jean 阿诺伊，让 122
  Le Voyageur sans bagages 《没有行李的旅者》 119
Ansermet, Ernest 安塞美，厄内斯特 26, 32, 43, 71
Apollinaire, Guillaume 阿波利奈尔，纪尧姆 8, 22, 17, 19, 28, *29*, 32, 78–79, 96–97, *98*, 99, 107–108, 122, *122*, 124, 135, 137–40, 146, 175
  Alcools 《醇酒集》 28
  Onze Mille Verges 《一万一千鞭》 28
Apollinaire, Jacqueline 阿波利奈尔，杰奎琳 99
Aragon, Louis 阿拉贡，路易斯 134, *137*, 213
Arrau, Claudio 阿劳，克劳迪奥 47
Auden, W. H. 奥登，W. H. 12, 100
Auric, Georges 奥里克，乔治 *18*, 19, 22, 32, 38, *39*, *40*, 42, 44, 47, 59, 61, 86, 91, 104, *111*, 117, 135, 198
  Les Fâcheux 《讨厌鬼》 56
  Foxtrot 《狐步舞》 40
  Les Mariés de la Tour Eiffel 《埃菲尔铁塔上的婚礼》 41–43, 42

B

Bacarisse, Salvador 巴卡利斯，萨尔瓦多 60
Bach, Johann Sebastian 巴赫，约翰·塞巴斯蒂安 44, 65, 112, 170, 210, 219
Bacquier, Gabriel 巴基耶，加布里叶 124
Balanchine, George 巴兰钦，乔治 71
Ballets Russes 俄罗斯芭蕾舞团 19, *20*, 36, 44, 47–48
Balzac, Honoré de 巴尔扎克，奥诺雷·德
  La Duchesse de Langeais 《德朗热公爵夫人》 119
  La Fille aux yeux d'or 《金目少女》 112
Bartók, Béla 巴托克，贝拉 41, 47, 90
  Allegro Barbaro 《野蛮的快板》 16
Bathori, Jane 巴多丽，简 22–23, 34
Baudelaire, Charles 波德莱尔，夏尔 117
Beaton, Cecil 比顿，塞西尔 77
Beaumont, Comte Etienne de 博蒙，埃提安·德，伯爵 41
Beaumont, Comtesse Etienne de 博蒙，埃提纳伯爵夫人 *111*
Beethoven, Ludwig van 贝多芬，路德维希·范 12
  Piano Concerto No. 4《第四钢琴协奏曲》 82
Bérard, Christian 贝拉尔，克里斯蒂安 157–8, *158*, 162
Berg, Alban 贝尔格，阿尔班 46
  Wozzeck 《沃采克》 77, 179
Berkeley, Lennox 伯克利，莱纳克斯 195
Berlioz, Hector 柏辽兹，埃克托
  Nuits d'été 《夏夜之歌》 *99*
Bernac, Pierre 博纳克，皮埃尔 19, 61–

62,77,82,94-96,*94*,99-100,110,115,119,124,134-135,142,147,*147*,148,152,155,174-175,178,182,193,198,202-203,213,219

Bernanos, Georges 贝尔纳诺斯,乔治 171,174,178

Berners, Lord 博纳斯,劳德 41

Bernstein, Leonard 伯恩斯坦,伦纳德 209,216,223

Beydts, Louis 白依兹,路易斯 141

Beylie, Laurence de 贝利,劳伦斯·德 199

Bing, Rudolf 宾,鲁道夫 192

Bizet, Georges 比才,乔治

Carmen 《卡门》 56

Blanche, Jacques-Émile 布朗什,雅克-艾米利 63

Bliss, Arthur 布里斯,亚瑟 47

Bloy, Léon 布洛瓦,莱昂 19,101

Blum, Léon 布鲁姆,莱昂 86,*89*

Boito, Arrigo 布瓦托,阿里格 179

Bonnard, Pierre 伯纳尔,皮埃尔 44

Borel, Jeanne 博雷尔,让娜 32

Borodin, Alexander 鲍罗丁,亚历山大 135

Bossuet, Jacques 波舒埃,雅克 117

Boué, Geori 布埃,乔莉 139

Boulanger, Nadia 布朗热,娜迪亚 46,80,*80*,87,91,97,110,152

Boulez, Pierre 布列兹,皮埃尔 223

Structures 《结构》 168

Bourdin, Roger 布尔丹,罗热 124

Boutet de Montvel, Cécile 布泰·德·蒙特威尔,塞西尔 13

Brahms, Johannes 勃拉姆斯,约翰内斯 82

Brain, Dennis 布瑞因,丹尼斯 195

Braque, Georges 布拉克,乔治 60,*196*,198

Breton, André 布勒东,安德烈 32

Britten, Benjamin 布里顿,本杰明 130,144,*172*,178,195,200

Billy Budd 《比利·巴德》 195

Brunhoff, Jean de 布吕诺夫,让·德 *141*,144-146,*145*,*222*

Busoni, Ferruccio Benvenuto 布索尼,费卢西奥·班温努特 47

C

Callas, Maria 卡拉斯,玛利亚 200

Caplet, André 卡普雷,安德烈 60

Carème, Maurice 卡雷姆,莫里斯 212

Carné, Marcel 卡尔内,马赛尔

Hôtel du Nord 《北方旅馆》 200

Carter, Elliott 卡特,艾略特 83

Casa Fuerte, Yvonne, Marquise de 卡萨·夫埃特,伊翁女侯爵 41

Casella, Alfredo 卡塞拉,阿尔弗雷德 41

Cazalet, André 卡扎雷,安德烈 117

Celibidache, Sergiu 切利比达克,谢尔盖 170

Cendrars, Blaise 桑德拉尔,布莱斯 32

Chabrier, Emmanuel 夏布里埃,埃曼纽尔 25-26,80,149,203

Pièces pittoresques 《如画小品》 16

Chagall, Marc 马克,夏加尔 *196*,198

Chanlaire, Richard 尚莱赫,理查德 *59*,65,68-69,71,86,138

Chopin, Frédéric 肖邦,弗雷德里克 12,51,79

Christiné, Henri-Marius 克里斯汀纳,亨利-马里斯 17

Claude 克劳德 186,188

Claudel, Paul 克洛岱尔,保罗 17,36

Clément, Edmond 克列门特,埃德蒙 13
Cocteau, Jean 谷克多,让 9,12,17,27,32,*32*,34,36,*36*,38-40,*39*,*40*,41-44,*48*,*51*,*57*,119,*120*,138,158,*164*,*165*,212-213,*215*
Le Coq et L'Arlequin 《公鸡与小丑》 36,38
La Machine infernale 《地狱机器》 203
Les Mariés de la Tour Eiffel 《埃菲尔铁塔上的婚礼》 41-43,*42*
Plain-Chant 《清唱》 99
Portrait of Auric 奥里克肖像 18
portrait of Diaghilev 佳吉列夫肖像 24
Renaud et Armide 《雷诺和阿尔米德》 213,216
Toréador 《斗牛士》 28,129
La Voix humaine 《人类之声》 36,200-202,213,*215*
Colette 柯莱特 24,80,127,*127*,172
Collaer, Paul 科莱尔,保尔 9,22,38-39,44
Colombo, Scipio 科隆博,西比欧 188
Conrad, Doda 康拉德,多达 152,170,199,204
Copland, Aaron 科普兰,阿隆 102
Corigliano, John 科里利亚诺,约翰 223
Couperin, François 库普兰,弗朗索瓦
Conçerts royaux 御用音乐会曲 62
Croiza, Claire 克罗瓦莎,卡莱尔 87
Cuénod, Hugues 居埃诺,于格斯 145-146,224
Curie, Eve 居里,伊芙 87

D

Dalí, Gala 达利,加拉 104
Dalí, Salvador 达利,萨尔瓦多 85,*102*,104,*104*,*111*,148
Dallapiccola, Luigi 达拉皮科拉,路易吉 142,162
Daudet, Léon 都德,莱昂 101
Daudet, Lucien 都德,吕西安 41
Debussy, Claude 德彪西,克劳德 12-13,16-17,22,38,47,56,62,94,97,108,142,186,194,199,216
La Cathédrâle engloutie 《沉没的教堂》 165
'Noël des enfants qui n'ont plus de maison'《无家可归的孩子们的圣诞曲》 134
Delage, Maurice 德拉热,莫里斯 60
Delforge, Lucienne 德尔福吉,吕西安娜 122
Del Tredici, David 德尔·特里迪西,大卫 223
Dercourt-Plaut, Rose 德尔库特-普劳特,罗丝 208
Dervaux, Pierre 德尔沃,皮埃尔 189
Desnos, Robert 德斯诺斯,罗贝尔 146-147
Dernier Poème 《最后的诗篇》 199-200
Désormière, Roger 德索米埃尔,罗热 126,135
Destouches, Raymond 德图什,雷蒙 86,100,129,135,151-152,170,172,175,179,186
Diaghilev, Sergei 佳吉列夫,谢尔盖 19,*20*,23,24,35,43-44,47-48,57,60,63,68,80
Diémer, Louis 迪埃梅,路易 65
Dietrich, Marlene 黛德丽,马琳 208
Dior, Christian 迪奥,克里斯汀 139-140,156
Dolin, Anton 多林,安东"帕特" 54
Dolmetsch, Arnold 多梅什,阿诺德 65

Dreyfus, Alfred 德雷菲斯,阿里弗雷德 57
Duchamp, Marcel 杜尚,马塞尔
Large Glass 《大玻璃》 138
Dufy, Raoul 杜飞,劳尔 29,30,46,124,198
La Feé Electricité 《电力女神》 30
Dugardin, Hervé 杜加登,埃尔维 200,202
Dukas, Paul 杜卡斯,保尔 60
Dupré, Marcel 迪普雷,马塞尔 110,219
Durey, Louis 迪雷,路易 22,34,38 - 39,39,42 - 43,119,135,172
Duruflé, Maurice 迪吕福雷,莫里斯 110
Dutilleux, Henri 杜替耶,亨利 223
Duval, Denise 杜瓦,丹妮丝 139 - 140,*139*,152,188 - 9,*193*,200 - 203,212 - 13,218

E

Eluard, Paul 艾吕雅,保尔 28,59,61,96 - 7,99 - 101,*104*,108,115,122,125,129 - 30,134,142,*142*,146,148,156 - 157,200
La Vie immédiate 《当前的生活》 97
Voir 《看见》 196,198 - 199
Eschig, Max 艾斯齐格,马克思 57
Esty, Alice 艾斯提,爱丽丝 178,195,198

F

Falla, Manuel de 法雅,曼努埃尔·德 17,47,56,57
El retablo de maese Pedro 《彼得罗先生的木偶戏》 65,68,209
Harpsichord Concerto 《羽管键琴协奏曲》 68
Nights in the Gardens of Spain 《西班牙庭院之夜》 83
Fargue, Léon-Paul 法尔格,莱昂-保尔 17
Fauré, Gabriel 福雷,加布里埃尔 142,170
La Bonne Chanson 《美好的歌》 99
Pelléas et Mélisande 《佩利亚斯与梅丽桑德》 44
Ferroud, Pierre-Octave 费鲁,皮埃尔-奥克塔维 90
Fesnay, Pierre 费斯奈,皮埃尔 122
Février, Jacques 费弗利埃,雅克 19,59,80,83,218
Fisher, Sylvia 费舍尔,西尔维娅 192
Fizdale, Robert 菲兹戴尔,罗伯特 163,164 - 165,178,203
Fombeure, Maurice 冯伯尔,莫里斯 124
Fournier, Pierre 富尼埃,皮埃尔 151
Franck, César 弗朗克,西撒 12 - 13,22,36,110
Frank, Jean-Michel 弗兰克,让-米歇尔 72
Frazzoni, Giliola 弗拉佐尼,吉莉欧拉 188
Frédérique 弗雷德里克 138
Fresnaye, Roger de la 弗雷奈,罗杰·德·拉 41
Freund, Marya 弗赫,玛雅 32,46,122,152,199

G

Gallimard, Gaston 加里玛,加斯顿 97,99
Garvey, David 加维,大卫 204
Gautier, Louis 戈蒂埃,路易斯 194,202
Gavoty, Bernard 加沃蒂,伯纳 48
Gencer, Leyla 珍瑟,蕾拉 188
Gershwin, George 格什温,乔治 82
Gide, André 纪德,安德烈 17
Gieseking, Walter 吉塞金,瓦尔特 117
Giraudoux, Jean 季洛杜,让
La Duchesse de Langeais 《朗杰的公爵夫

人》 119
La Folle de Chaillot 《夏约的疯女人》 158,*158*
Intermezzo 《间奏曲》 83
Goethe, Johann Wolfgang von 歌德,约翰·沃尔夫冈·范
Faust 浮士德 62
Gold, Arthur 高尔德,亚瑟 *163*,164-165,178,203
Goodman, Benny 古德曼,本尼 216
Gounod, Charles François 古诺,查理斯·弗朗索瓦 54
Faust 《浮士德》 137
Gozzoli, Benozzo 戈佐利,贝诺佐 102,204
Granados, Enrique 格拉纳多斯,恩里克 17,47
Grieg, Edvard 格里格,爱德华 137
Griffin, Father 格里芬神父 174
Gris, Juan 格里斯,胡安 *196*,198-199
Grosz, Wilhelm 格罗什,威廉 47
Guitry, Sacha 吉特利,萨沙 122

H

Hahn, Reynaldo 哈恩,雷纳尔多 87,122,141
Handel, George Frideric 亨德尔,乔治·弗里德里希 65
Haydn, Franz Joseph 海顿,弗兰兹·乔瑟夫
Hindemith, Paul 亨德米特,保尔 47,195
Hirsch, Georges 伊尔什,乔治 138
Hitler, Adolf 希特勒,阿道夫 119
Holbein, Hans 霍尔拜因,汉斯 210
Honegger, Arthur 奥涅格,阿尔蒂尔 9,22,38-39,*39*,47,60,86,117,127,129,*165*,171-172,208,218
Le Roi David 《大卫王》 44
Horowitz, Vladimir 霍洛维茨,弗拉迪米尔 119
Huge, Jean 雨果,让 188
Hugo, Valentine 雨果,瓦伦汀 26-27,28,43
Hugo, Victor 雨果,维克多 124-125

I

Ibert, Jacques 伊贝尔,雅克 86
Indy, Vincent d' 丹第,樊尚 36,57,151
Ionesco, Eugène 尤内斯库,欧仁 74

J

Jacob, Max 雅各布,马克斯 28,32,43,57,61,74,*74*,76,96,99,130,*130*,165,198
Laboratoire central 《中心实验室》 74,76-77
Jacob, Maxime 雅各布,马克西姆 57
Jacquemont, Maurice 雅克蒙,莫里斯 189
James, Edward 詹姆斯,爱德华 85,102,*102*,104
Janequin, Clément 雅内坎,克莱门特 97
Jarry, Alfred 雅里,阿尔弗雷德 138
Johnson, Graham 约翰逊,格拉海姆 213
Jolivet, André 若利韦,安德烈 91,119
Jourdan-Morhange, Hélène 茹尔丹-莫朗杰,埃莱娜 97
Jouvet, Louis 儒韦,路易 83,158

K

Klee, Paul 克利,保罗 *196*,198
Kochno, Boris 考切努,鲍里斯 158
Kodály, Zoltán 柯达伊,佐尔坦 47,200
Koechlin, Charles 凯什兰,查理 44-45,

46 - 8,86,127,134
Kubelik, Rafael 库贝利克,拉法埃尔 *191*,192

L

La Fontaine, Jean de 拉封丹,让·德 117,125 127
Lalanne, Louise 拉朗内,路易 78
Laloy, Louis 拉卢瓦,路易 56
Landowska, Wanda 兰多芙斯卡,万达 *59*,65,*67*,68 - 9,90,96,117
Larbaud, Valéry 拉尔波,瓦莱里 17
Laurencin, Marie 洛朗桑,玛丽 28,41,78 - 79,108,148 - 9
Les Biches (designs) 《母鹿(设计)》 *35*,*51*,*52*,*56*
Lavery, Emmet 莱弗里,埃米特 174,*181*
Le Fort, Gertrud von 勒福特,盖图德·范
The Last to the Scaffold 《绞刑架上的最后一人》 174,*181*
Legge, Walter 李格,华尔特 195
Lifar, Serge 利法尔,谢尔盖 126
Linossier, Raymonde 里诺西埃,雷蒙 16 - 17,19,32,63 - 65,68,74,77,86,90,106,125,127,218
Liszt, Franz 李斯特,弗兰兹 80,119
Lockspeiser, Edward 洛克斯白赛尔,爱德华 149
Lorca, Federico García 洛尔卡,费德里克·加西亚 125,147 - 148
Lott, Felicity 洛特,费利奇蒂 213
Lourié, Arthur 卢里耶,亚瑟 41
Lubin, Germaine 鲁宾,热尔梅娜 122
Lully, Jean-Baptiste 吕利,让-巴普蒂斯特 158
Lunel, Armand 吕奈尔·阿尔芒 112

M

Magnard, Albéric 马尼亚尔,阿尔贝里克 151
Mahler, Alma 马勒,阿尔玛 46
Malherbe, François de 马莱布,弗朗索瓦·德 74
Malipiero, Gian Francesco 马利皮耶罗,吉安·弗朗切斯科 47
Mallarmé, Stéphane 马拉美,斯蒂芬 17,43,97
Mantegna, Andrea 曼特尼亚·安德烈亚 112,210
Maré, Rolf de 马雷,罗夫·德 42,*42*
Marie-Ange (daughter) 玛丽-安吉(女儿) 138
Maritain, Jacques 马里丹,雅克 19
Markevich, Igor 马尔科维奇,伊果尔 *70*,82
Partita 《帕蒂塔》 80
Markova, Alicia 马尔科娃,阿丽莎 *54*
Marx, Joseph 马克思,约瑟夫 47
Mascagni, Pietro 马斯卡尼,皮埃特罗 179
Massine, Léonide 马西涅,列昂尼德 *20*
Matisse, Henri 马蒂斯,亨利 97,122,*150*,157,198
Mauriac, François 莫里雅克,弗朗索瓦 219
Melon, Mademoiselle 梅隆小姐 13
Ménétrier, Jean-Alexandre 梅内特里尔,让·亚历山大 216
Messager, André 梅萨热,安德烈 141
Messiaen, Olivier 梅西安,奥利弗 82,91
Vingt Regards sur l'Enfant Jésus 《圣婴的二十凝视》 *144*
Messina, Antonello da 梅西那,安托内罗·达 59

Meyer, Marcelle 梅耶,玛赛尔 41,45
Milhaud, Darius 米约,达律斯 9,22,27,36,38-40,*39*,*40*,43,47,48,57,86,112,117,135,171
Le Boeuf sur le toit 《屋顶上的公牛》 36,40,223
Cantates de la paix 《和平康塔塔》 112
La Création du monde 《创世纪》 *36*,223
Deux Cités 《双城》 112
L'Homme et son désir 《人类和他的欲望》 51
Salade 《沙拉》 41,51
Milhaud, Madeleine 米约,玛德琳 224
Miró, Joan 米罗,胡安 *196*,198-199
Mitford, Nancy 米特福,南希 77,104,106,158
Modrakowska, Maria 莫德拉科夫斯卡,玛利亚 87,90,94
Monnier, Adrienne 莫尼埃,阿德里埃娜 17,29,96
Monteux, Pierre 蒙都,皮埃尔 16,122
Monteverdi, Claudio 蒙特威尔第,克劳迪奥 12,59,91,97,186
Arianna abandonnata 《被抛弃的阿利亚娜》 200
Orfeo 《奥菲欧》 172
Moréas, Jean 莫雷亚斯,让 62
Morison, Elsie 莫里森,艾尔西 *169*,192
Moryn, Gilbert 莫林,吉尔伯特 77,94
Mozart, Wolfgang Amadeus 莫扎特,沃尔夫冈·阿马德乌斯 9,12,65,70-71,80,82,119
Don Giovanni 唐,乔万尼 54
Munch, Charles 明希,夏尔 162,208
Munch, Fritz 明希,弗里兹 162
Musgrave, Thea 马斯格雷夫,西娅 223
Mussorgsky, Modest 穆索尔斯基,穆捷斯特 12,38,152,165,182,186
Boris Godunov 《鲍里斯·戈都诺夫》 77
The Nursery 《童谣》 87
Songs and Dances of Death 《死亡歌舞》 124

N

Neveu, Ginette 吉奈特,内芙 125,151
Nielsen, Carl 尼尔森,卡尔 47
Nijinska, Bronislava 尼金斯卡,布朗尼斯拉瓦 56
Nijinsky, Vaslav 尼金斯基,瓦斯拉夫 16,*51*
Noailles, Anna de 诺艾耶,安娜·德 *32*
Noailles, Charles de 诺艾耶,夏尔·德 69
Noailles, Marie-Laure de 诺艾耶,玛丽-洛尔·德 59,69,*70*,*72*,*77*,*78*,130

O

Ochsé, Fernand 奥克塞,费尔南 122
Ochsé, Louise 奥克塞,路易丝 122
Offenbach, Jacques 奥芬巴赫,雅克
La Vie Parisienne 《巴黎人的生活》 54
Orléans, Charles d' 奥尔良,查理(查理一世) 113-14

P

Paganini, Nicolo 帕格尼尼,尼可罗 77
Parès, Gabriel 帕雷斯,加布列尔 46
Pears, Peter 皮尔斯,彼得 *172*,195
Pederzini, Gianna 比姐欣妮,加纳 188
Peignot, Suzanne 佩尼欧,苏珊 32,62
Picasso, Pablo 毕加索,帕布洛 59,60,74,76,130,*130*,*196*,198

Parade(designs) 《游行(设计)》 *20*, 27-28,36
Guernica 《格尔尼卡》 132
portrait of Apollinaire 阿波利奈尔的肖像 *122*
Pierlot, Pierre 皮埃罗,皮埃尔 218
Plaut, Fred 普劳特,弗雷德 *208*
Polignac, Prince Edmond de 波利尼亚克,埃德蒙王子 65
Polignac, Jeanne, Comtesse Charles de 波利尼亚克,热娜,查理女伯爵 80
Polignac, Marie-Blanche de 波利尼亚克,玛丽-布朗什·德 59,80,91,106,116,122,151,157,203
Polignac, Winnaretta Singer, Princesse Edmond de 波利尼亚克,维娜瑞塔·辛格,埃德蒙王妃 65,*65*,80,102,110,112
Poulenc, Émile (father) 普朗克,埃米勒(父亲) 12,16,22,110
Poulenc, Francis 普朗克,弗朗西斯 *4*, *11*, *13*, *39*, *40*, *59*, *92*, *169*, *182*, *186*, *193*, *210*, *219*
Emmanuel Chabrier 《埃曼纽尔,夏布里埃》 16,209,223
Entretiens avec Claude Rostand 《与克劳德·罗斯唐的对话》 11,141,172
Journal de mes mélodies 《我的旋律日记》 8,59,114-115,193,223
Moi et mes amis 《我和我的朋友们》 35,169
'C' 9,134,213
Airs chantés 《咏歌》 62
Les Animaux modèles 《模范动物》 125-127,129
Aubade 《晨曲》 *59*,69-71,*72*,86,111,137,151
Le Bal Masqué 《假面舞会》 74,76-78,94,96,168,175,210
Banalités 《平凡》 122,124,127
Le Bestiaire 《斗兽集》 28-30,32,34,40,199
Les Biches 《母鹿》 8,*20*,35,*35*,47-48,51,*51*,*52*,54,*54*,56-57,74,116
Calligrammes 《图画诗》 28,*96*,*98*,148-149,*151*
Caprice espagnol 《西班牙随想曲》 43,56
Cello Sonata 大提琴奏鸣曲 151
Chanson à boire 《饮酒之歌》 45,209
Une chanson de porcelaine 《瓷器之歌》 200
Chansons française 《法语歌曲》 135
Chansons gaillardes 《逸乐之歌》 61-62,71,94
Chansons villageoises 《乡村歌曲》 124-125,129
Les Chemins de l'amour 《爱情之路》 122
Cinq Poémes de Max Jacob 《马克斯·雅各布的诗五首》 87,90
Cinq Poémes de Paul Eluard 《保尔·艾吕雅的诗五首》 *96*-*97*,122,148
Cinq Poémes de Ronsard 《龙沙的诗五首》 *60*-61
Clarinet Sonata 单簧管奏鸣曲 216,218
Cocardes 《帽章》 40-41,43,79
Colloque 《会谈》 119
Concert champêtre 《乡间协奏曲》 *59*,65,68-69,110-111
Concerto for Two Pianos 双钢琴协奏曲 80,82-83,96,111,130,153,178
La Courte Paille 《短稻草》 212
La Dame de Monte Carlo 《蒙特卡罗夫人》 36,212-213,*215*

Deux Poèmes de Guillaume Apollinaire 《阿波利奈尔的诗两首》 107 - 108
Dialogues des Carmélites 《加尔默罗会修女的对话》 8,12,87,90 - 91,102,169,*169*,170 - 172,174 - 175,*176*,178 - 179,181 - 183,*181*,*182*,*183*,186,*186*,188 - 189,*191*,192,194,200,204,210
Le Disparu《消逝》 146 - 147
La Duchesse de Langeais (film score) 《朗杰的公爵夫人》(电影配乐) 119
Elégie for horn and piano 《为圆号和钢琴而作的悲歌》 195,218
Elégie for two pianos 203 《为双钢琴而作的悲歌》 203
L'embarquement pour Cythère, valse-musette 《奔赴西泰尔》 168
Epitaphe 《墓志铭》 74
Fancy 《幻想》 200
Fiançailles pour rire 《玩笑婚约》 104,106 - 107
Figure humaine 《人像》 59,86,129 - 130,134,140,151,153,170
Flute Sonata 长笛奏鸣曲 194 - 195,216
La Fraîcheur et le feu 《清爽与火》 156 - 157
Le Gendarme incompris 《被误会的警察》 43
Gloria 《荣耀经》 203 - 204,*204*,*207*,208 - 209
L'Histoire de Babar 《小象巴巴的故事》 9,84,*141*,144 - 146,*145*,*222*,224
Huit Chansons polonaises 《八首波兰歌曲》 87,90
'Hyde Park' 海德公园 146
"Hynme' 赞美诗 146 - 147,199
Hymne (piano) 《赞美诗》(钢琴) 204
Intermezzo (stage music for Giraudoux's play) 《间奏曲》(季洛杜的舞台剧配乐) 83
Jongleurs 《杂耍》 27,186
Laudes de Saint Antoine de Padoue 《颂赞经——里斯本的圣安多尼》 209
Litanies à la Vierge noire 《黑色圣母的连祷文》 90 - 91,97,101,110,186,210
Main dominée par le coeur 《心带领着手》 148
... Mais Mourir ... ……却死去了 146
Les Mamelles de Tirésias 《蒂蕾西阿斯的乳房》 8,22,29,83,86,130,135,137 - 149,*139*,141,153,170,172,195
Marches militaires 《军队进行曲》 43
Les Mariés de la Tour Eiffel 《埃菲尔铁塔上的婚礼》 41 - 43,*42*
Mass in G G大调弥撒 101 - 102,179
Métamorphoses 《蜕变》 104,124
Miroirs brûlants 《变形》 108
Montparnasse 《蒙特帕那斯》 146
Napoli 《那不勒斯》 47
Nuage 《雪》 199
Oboe Sonata 双簧管奏鸣曲 216,218
Organ Concerto 管风琴协奏曲 102,110 - 12,127,151,179
Parisiana 《巴黎人》 175
Paul et Virginie 《保尔和弗吉尼》 146
Petites Voix 《微弱的声音》 94
Piano Concerto 钢琴协奏曲 152 - 153
Un Poème 一首诗 146
Poèmes sénégalais (*Quatre Chants sénégalais*) 《塞内加尔诗篇》(《四首塞内加尔之歌》) *27*
Le Pont 《桥》 146

Première Nocturne 《夜曲第一首》 71
Priez pour paix 《为和平祈祷》 113-114
Processional for the Cremation of a Mandarin 《满大人火葬葬歌》 23
Quatre Chansons pour enfants 《给孩子的四首歌》 83-84
Quatre Motets pour un temps de Noël 《为圣诞节而作的四首经文歌》 162,164
Quatre Motets pour un temps de Pénitence 《为忏悔时而作的四首经文歌》 112-114
Quatre Poèmes de Guillaume Apollinaire 《纪尧姆·阿波利奈尔的诗四首》 78,79,94
Quatre Poèmes de Max Jacob 《马克斯·雅各布的诗四首》 43,44
Rapsodie nègre 《黑人狂想曲》 23,82
Renaud et Armide 《雷诺和阿尔米德》 213,216
Rosemonde 《罗斯蒙德》 175
À Sa Guitare 《给她的吉他》 122
Sécheresses 《无情》 102,104,*104*,127
Sept Chansons 《七首歌》 97,99,129
Sept Répons des ténèbres 《大日课应答歌七首》 102,209-210,212
Sextet 《六重奏》 83,116-117,151
Sinfonietta 《小交响曲》 149,151
Un Soir de neige 《雪夜》 130,134
Sonata for cimbalom and woodwind quartet 《为钦巴龙和木管四重奏而作的奏鸣曲》 28
Sonata for clarinet and bassoon 《为单簧管和大管而作的奏鸣曲》 45
Sonata for horn, trumpet and trombone 《为圆号,小号和长号而作的奏鸣曲》 45-46
Sonata for piano duet 《四手联弹奏鸣曲》 25-26,82
Sonata for two clarinets 《两支单簧管奏鸣曲》 23-25
Sonata for twon pianos 《双钢琴奏鸣曲》 164-165,168,178,218,199
Stabat Mater 《圣母悼歌》 102,137,157-158,162,168,170,203
Tel Jour, telle nuit 《如此一天,如此一夜》 99-101,107,138,195,198
Toréador 《斗牛士》 28
Le Travail du peintre 《画家的辛劳》 195,*196*,198-199
Trio for piano, oboe and bassoon 《钢琴,双簧管和大管三重奏》 56,62-63,116
Trio for piano, violin and cello 《钢琴,小提琴和大提琴三重奏》 28
Trois Chansons de García Lorca 《加西亚·洛查的三首歌》 147-148
Trois Mouvements perpétuels 《三个无穷动》 29,119
Trois Pièces 《三首小品》 70
Trois Poèmes de Louise de Vilmorin 《路易·德·维尔莫兰的三首诗》 104,106
Trois Poèmes de Louis Lalanne 《路易斯·拉兰娜的三首诗》 78-79
Violin Sonata 《小提琴奏鸣曲》 28,125,151
La Voix humaine 《人类之声》 36,*92*,200-202,213,*215*
Le Voyageur sans bagages (stage music and film score) 《没有行李的旅者》(舞台和电影音乐) 119

Poulenc, Jeanne (sister) 普朗克,让娜(姐姐) 22-23

Poulenc, Jenny (mother) 普朗克,珍妮(母亲) 12-13,22,186
Prêtre, Georges 普雷特,乔治 202,213,224
Price, Leontyne 普莱丝,李奥汀 192,204
Printemps, Yvonne 普兰通,伊翁 79,122
Prokofiev, Sergey 普罗科菲耶夫,谢尔盖 47,79,144,218
Proust, Marcel 普鲁斯特,马赛尔 100
Pruniers, Henry 普律尼,亨利 48
Puccini, Giacomo 普契尼,贾科莫 179
La bohème 《波西米亚人》 140
Madama Butterfly 《蝴蝶夫人》 179
Tosca 《托斯卡》 77,213
Turandot 《图兰朵》 137

R

Rabelais, François 拉伯雷,弗朗索瓦 112
Rachmaninov, Sergey 拉赫玛尼诺夫,谢尔盖 83,152
Racine, Jean 拉辛,让 146-147,199
Radiguet, Raymond 拉迪盖,雷蒙 *40*,41,57,146
Rameau, Jean Philippe 拉莫,让·菲利普 25,65
Rampal, Jean-Pierre 郎帕尔,让·皮埃尔 195,202-203
Ratti, Eugenia 拉蒂,尤吉尼亚 188
Ravel, Maurice 拉威尔,莫里斯 16-17,22-23,24,26,42,47,60,80,97,108,153
L'Enfant et les Sortilèges 《孩子与魔术》 24
Histoires naturelles 《自然的故事》 32
Ray, Man 雷,曼 78
Reber, Henri 雷伯,亨利 46
Renard, Jules 雷纳尔,儒勒 32
Reverdy, Pierre 勒韦迪,皮埃尔 32
Rimsky-Korsakov, Nikolay 里姆斯基-科萨科夫,尼古拉 47-48
Risler, Edouard 瑞斯莱,爱德华 16
Rocheron, Suzanne 鲁奇朗,苏珊娜 219
Roger (great-nephew) 罗杰(外甥之子)152
Roland-Manuel 罗朗-马努埃尔 60,99
Ronsard, Pierre de 龙沙,皮埃尔·德 60
Rorem, Ned 罗雷姆,奈德 219,223
Rosenberg, Léonce 罗森堡,莱昂斯 32
Rosenthal, Manuel 罗森塔尔,马努埃 224
Rossini, Gioacchino Antonio 罗西尼,焦阿基诺·安东尼奥 47
Rostand, Claude 罗斯唐,克劳德 8,156,172
Roubert, Lucien 鲁伯尔,吕西安 170-171,172,174,175,178-179,183,186
Roussel, Albert 鲁塞尔,阿尔伯特 22,46,86,208
Royer, Marcel 罗瓦耶,马塞尔 12-13,149
Rubenstein, Arthur 鲁宾斯坦,亚瑟 47
Rutter, John 鲁特,约翰 204

S

Sabata, Victor de 萨巴塔,维克多·德 171
Sachs, Maurice 萨赫斯,莫里斯 *120*
Saint-Saëns, Camille 圣-桑,卡米尔 9,22,*216*
Clarinet sonata 单簧管奏鸣曲 216
Oboe sonata 双簧管奏鸣曲 216
'Organ' Symphony "管风琴"交响曲 112
Piano Concerto No. 2 第二钢琴协奏曲 63
Saint-Simon, Louis de Rouvroy, Duc de 圣·

西蒙,路易·德·鲁夫瓦,公爵 61
Sanzogno, Nino 圣佐纽,尼诺 188
Satie, Erik 萨蒂,埃里克 9,12,17,19,19,22-23,26,38,41,44,47,56
Gymnopedies 《裸体歌舞》 25,38
Mercure 《水星》 41
Sarade 《游行》 19,*20*,27-28,36,40
Socrate 《苏格拉底》 38,65,199
Sauguet, Henri 索盖,亨利 38,51,86,112,172
Scharley, Denise 夏蕾,丹妮丝 189
Schippers, Thomas 席佩斯,托马斯 212
Schloezer, Boris de 施洛泽,鲍里斯·德 56
Schoenberg, Arnold 勋伯格,阿诺德 41,43,46-47
Erwartung 《期待》 200
Gurrelieder 《古雷之歌》 32
Pierrot Lunaire 《月光下的皮埃罗》 32
Six Little Pieces 《六首钢琴小品》 16,34
Schubert, Franz 舒伯特,弗兰兹 104,135
Death and the Maiden 《死神与少女》 127
Erlkönig 《魔王》 212
Die Winterreise 《冬之旅》 13,99,134
Schumann, Robert 舒曼,罗伯特 119
Dichterliebe 《诗人之恋》 99
Frauenliebe und-leben 《妇人的爱情和生活》 106
Schweitzer, Albert 史怀泽·阿尔伯特 110
Scotto, Vincent 斯考特,文森特 17
Screpel, Henri 斯科里佩尔,亨利 129
Seefried, Irmgard 西弗雷德,伊尔姆贾尔德 192
Seringe, Rosine 塞林格,罗西涅 224
Sert, Misia 塞尔特,米西亚 43-44,47
Shakespeare, William 莎士比亚,威廉
Fancy 华丽 200
Shaw, Robert 肖,罗伯特 152,224
Sibelius, Jean 西贝柳斯,让 200
Simenon, George 西蒙农,乔治 200
Sinclair, Jeanette 辛克莱,珍妮特 *169*
Six, Les 六人团 9,38-44,*39*,*42*,*164*,*165*,223
Smyth, Ethel 斯麦思,埃塞尔 47
Stein, Gertrude 斯泰因,格特鲁德 171
Stendhal 司汤达
Abbesse de Castro 艾蕾 112
Strauss, Richard 斯特劳斯,理查 47
Stravinsky, Igor 斯特拉文斯基,伊戈尔 9,*16*,22-26,32,43-44,47-48,51,54,62,70-71,*80*,83,116,119,152,219
Les Noces 《婚礼》 48
Oedipus Rex 《俄狄浦斯王》 62
Orphée 《奥菲欧》 153
Petrushka 《彼得鲁什卡》 16,70
Pulcinella 《普尔钦涅拉》 51
Ragtime 《拉格泰姆》 51
Renard 《列纳狐》 48,65
Le Sacre du Printemps 《春之祭》 16,*51*,70
Sérénade en la 《A调小夜曲》 157
Strom, Catharine 斯多姆,凯瑟琳 224
Sutherland, Joan 萨瑟兰,琼 *181*,192
Szymanowski, Karol 席曼诺夫斯基,卡罗 47

T

Tailleferre, Germaine 塔耶费尔,热尔梅娜 22,38-40,*39*,48
Les Mariés de la Tour Eiffel 《埃菲尔铁塔上的婚礼》 41-42,*42*

Tchaikovsky, Piotr Ilyich 柴科夫斯基,彼得·伊里奇 54,56,137
Sleeping Beauty 《睡美人》 48
Tebaldi, Renata 苔芭尔蒂,雷纳塔 200
Thibaud, Jacques 蒂博,雅克 48
Thomas, Ambroise 托马斯,昂布鲁瓦茨 181
Thomson, Virgil 汤姆森,维吉尔
Four Saints in Three Acts 《三幕剧中的四圣徒》 171
Toscanini, Arturo 托斯卡尼尼,阿图罗 83
Touraine, Āeneviève 热娜维耶夫,都兰 107
Tunnard, Viola 图纳德,维奥拉 195

V

Valcarenghi, Guido 瓦卡兰奇,圭多 171
Valéry, Paul 瓦勒里,保罗 17,28,119
Varèse, Edgar wa 瓦雷兹,埃德加 27
Verdi, Guiseppe 威尔第,朱塞佩 47,137,179,182,186
Aida 《阿伊达》 172
Un ballo in maschera 《假面舞会》 76
Falstaff 《法斯塔夫》 138
Otello 《奥赛罗》 112
Rigoletto 《弄臣》 47
Il trovatore 《游唱诗人》 172,182
Victoria, Tomas Luis de 维克多利亚,托马斯·路易·德 112,210
Vidal, Paul 维达,保尔 23
Vierne, Louis 维尔奈,路易 110
Villa Lobos, Heitor 维拉-罗伯斯,海托尔 27
Villon, Jacques 维龙,雅克 *196*,198-199
Vilmorin, Louise de 维尔莫兰,路易·德 104,106-107,124,147
Viñes, Ricardo 维涅斯,里卡多 17,*17*,19,22-23,25-26,44-5,56-57
Vuillard, Édouard 维亚尔,爱德华 44,79,122

W

Wagner, Richard 理查德,瓦格纳
Götterdämmerung 《众神的黄昏》 60
Wakhevich, Georges 瓦黑维奇,乔治 *191*
Wallmann, Margarita 华尔曼,玛格丽塔 *176*,189
Watson, Jean 让,华生 *182*,192
Waugh, Evelyn 沃,伊芙琳 104,106
Weber, Carl 韦伯,卡尔 216
Der Freischütz 《自由射手》 54
Webern, Anton von 韦伯恩,安东·冯 46-47,*46*
Wild, Roger 怀尔德,罗杰 142

Z

Zeani, Virginia 泽亚尼,弗吉尼亚 188
Zurbarán, Francisco 苏巴朗,弗朗西斯科 210

图书在版编目（CIP）数据
弗朗西斯·普朗克 / 本杰明·艾夫瑞著；朱菡芊译. –上海：上海音乐出版社，2020.12
（二十世纪作曲家系列）
书名原文：Francis Poulenc
ISBN 978-7-5523-2112-8
Ⅰ. 弗… Ⅱ. ①本… ②朱… Ⅲ. 弗朗西斯·普朗克（Francis Poulenc 1899 – 1963）–传记 Ⅳ. K835.655.76
中国版本图书馆 CIP 数据核字（2020）第 269094 号

书　　名：弗朗西斯·普朗克
著　　者：本杰明·艾夫瑞
译　　者：朱菡芊

出 品 人：费维耀
项目负责：段劲楠
责任编辑：段劲楠　薛小琳（助理编辑）
责任校对：满月明
封面设计：翟晓峰
印务总监：李霄云

出版：上海世纪出版集团　上海市福建中路 193 号　200001
　　　上海音乐出版社　上海市打浦路 443 号荣科大厦　200023
网址：www.ewen.co
　　　www.smph.cn
发行：上海音乐出版社
印订：上海盛通时代印刷有限公司
开本：700×1000　1/16　印张：16.25　图、文：260 面
2020 年 12 月第 1 版　2020 年 12 月第 1 次印刷
ISBN 978-7-5523-2112-8/J · 1943
定价：58.00 元
读者服务热线：（021）64375066　印装质量热线：（021）64310542
反盗版热线：（021）64734302　（021）64375066-241